好妈妈也能成为

好老师

南　林◎著

天天出版社

图书在版编目（CIP）数据

好妈妈也能成为好老师 / 南林著. -- 北京 : 天天出版社, 2024. 11. -- ISBN 978-7-5016-2406-5

Ⅰ. G782

中国国家版本馆CIP数据核字第2024V8Y229号

责任编辑：赵　迎　　**责任印制**：康远超　张　璞

出版发行：天天出版社有限责任公司
地址：北京市东城区东中街 42 号　　**邮编**：100027
市场部：010-64169002

印刷：三河市兴国印务有限公司　　**经销**：全国新华书店等
开本：710 × 1000　1/16　　**印张**：8
版次：2024 年 11 月北京第 1 版　　**印次**：2024 年 11 月第 1 次印刷
字数：91 千字

书号：978-7-5016-2406-5　　**定价**：39.80 元

目录

4 才艺发掘 告诉孩子，你的才艺就是你的魅力

5 凝聚专注 锻炼孩子的专注力，做个懂技巧的聪明妈妈

6 善用方法 找对方法，让孩子的学习事半功倍

1 搞定情绪

一路陪跑，助力孩子成为情绪的主人

当『小霸王』脾气发作的时候……

小事就焦虑？看妈妈亮出绝招！

孩子，别让你的『恐惧小野兽』再作祟了！

『敏感』的小孩需要妈妈的怀抱！

消除『抑郁』，去绽放心中的小太阳吧！

当“小霸王”脾气发作的时候……

孩子的“小霸王”脾气无非是利用了父母对他的溺爱，而此时妈妈最得当的处理方式，就是在第一次发现问题的时候立刻加以纠正，一旦孩子知道这种行为达不到目的，再想闹脾气时就会下意识地有所收敛了。

帮助孩子改变“小霸王”脾气，找准方法是核心！

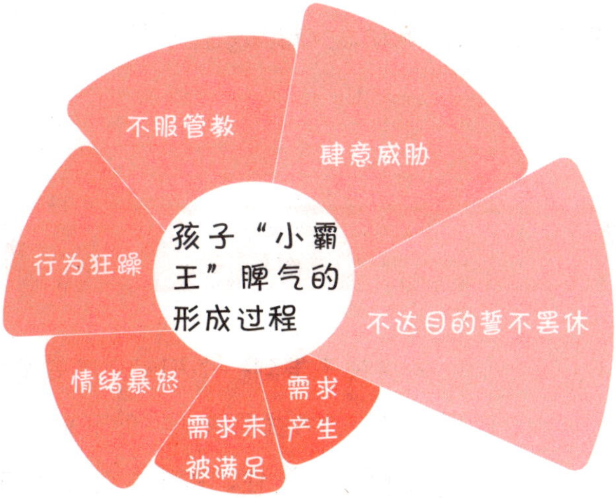

妈妈应对小妙招：

1 保持沉默。

2 暗示孩子要为当下所做出的一切行为负责。

3 拿走孩子最害怕失去的某件东西，告诉他如果再这样做会失去更多。

4 带孩子换个环境，让孩子暴怒情绪得到平静。

5 拟定君子协议，让孩子签订保证书，保证书中注明下次再闹脾气，妈妈可以采取怎样的方式处置。

1 孩子的“小霸王”脾气越来越难管了，怎样才能有效管教？

孩子耍“小霸王”脾气就是利用了父母对他的溺爱，而当作为妈妈的我们，对他的这种试探行为保持适度的冷漠时，他就会意识到，即便自己制造出再大的响动，父母都是提不起兴趣的。

孩子一生气就摔东西，感觉要把整个家都砸了，这样的情况该怎么处理？ 2

先将孩子带到一个相对空旷安静的空间，以相对严厉的方式要求他平静下来，同时很认真地告诫他：“记住，每个人都要为自己的行为负责。你今天在家砸东西，发脾气，那么下个星期的游乐场旅行计划就取消了。”

3 孩子情绪暴怒，又哭又闹，怎么劝都不听，该怎么办？

拿走一件孩子最喜欢的东西，告知他在接下来的几星期内他都不会看到它。让孩子明白，哭闹解决不了任何问题，只会让自己失去更多。

1. 当孩子“小霸王”脾气发作的时候，最有效的处理方法就是先沉默五分钟，以很严肃、很不理解的表情凝视孩子。孩子一旦发现妈妈表现出的态度与自己想象中的并不吻合，那种“小霸王”的冲劲儿，就会本能地适度放缓了。

2. 妈妈可以在孩子情绪平稳的时候，悄悄拿出在他发“小霸王”脾气时拍下的照片，然后用开玩笑的语气告诉他：“貌似今天比那天气冲冲的脸好看多了。”这时孩子会意识到自己的问题并加以改正。

3. 妈妈可以在孩子第一次闹“小霸王”脾气后，与孩子定下君子协议，带领孩子完成一份“小霸王处分计划”，上面明确注明如果再有下次，妈妈可以怎样加以处理。

4. 妈妈可以在闲聊的时候，有意识地为孩子讲解“小霸王”脾气的危害，让孩子在正常的情绪下接受教育，下次再想闹脾气就知道如何控制自己了。

小事就焦虑？看妈妈亮出绝招！

现在的孩子经常会因为小事焦虑，焦虑不断扩展，最终导致坐立不安，甚至失眠。为此，聪明的妈妈必须教会孩子如何有效地调整好自己的情绪状态，这样孩子才能以更积极的状态面对自己的生活，成为一个乐观、勇敢、善于调整情绪的孩子。

孩子总因小事焦虑怎么办?

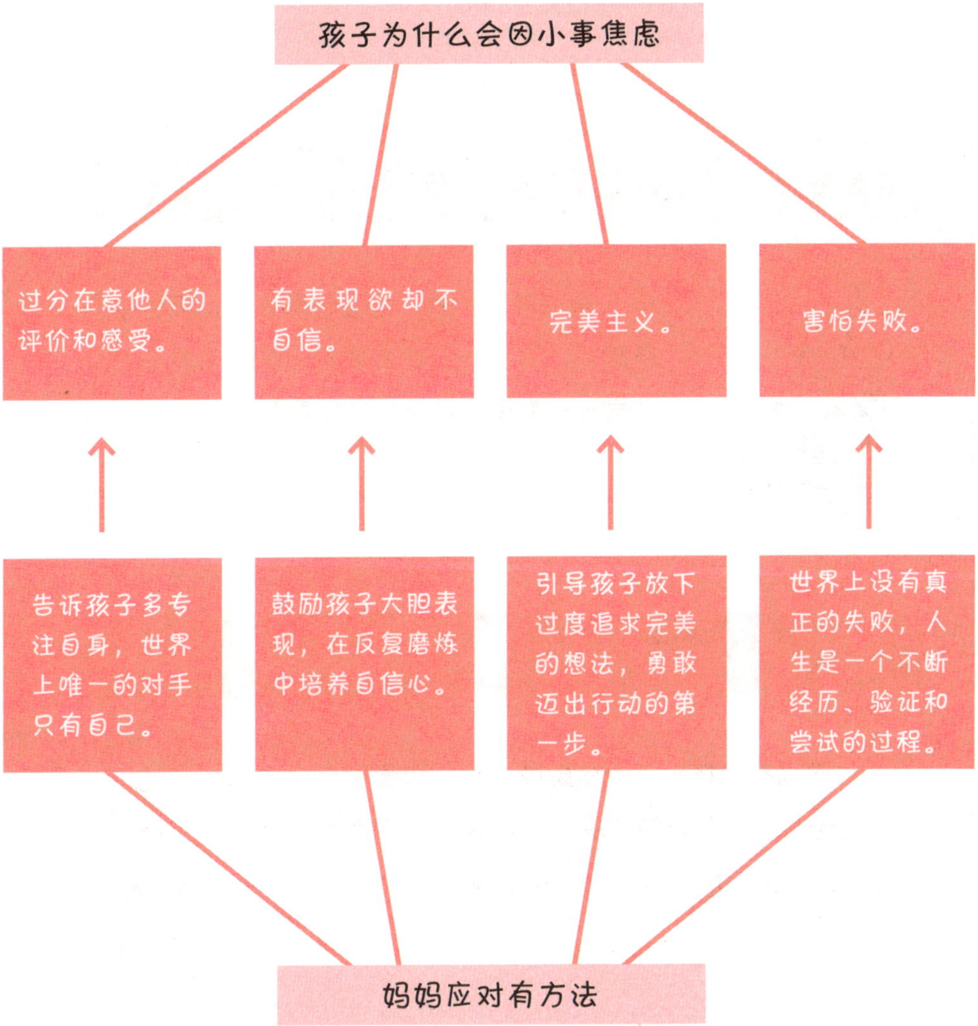

妈妈应该尽早让孩子意识到自我的强大，当孩子把心从外收回到内，就会发现，那些曾经让自己焦虑的事，也不过是小事而已。

1 孩子动不动就因一点小事杞人忧天，该如何引导？

很简单，不要让孩子的眼睛只盯着没有到来的未来，而是要着眼于当下，一步一个脚印地去做。

孩子总为担心结果不够好而焦虑，这样的问题该怎么解决？ 2

告诉孩子人的一生会经历许多，而他就是经历者，只需用心地去体验，坦然地去挑战，结果永远都没有经历的过程重要。

3 孩子为小事焦虑得睡不着觉，这样的问题该怎么解决？

鼓励孩子将自己的焦虑说出来，和孩子一起讨论并写下有效的解决办法。这样能够缓解孩子的情绪，增强孩子的自信心。

1. 和孩子分享一些自己童年类似的焦虑情绪，并告诉孩子自己后来是如何克服的。

2. 孩子因焦虑躁动不安，妈妈可以适时地为他换个环境，带他出门到街心花园走走，引导他放下眼前焦虑的小事，将注意力集中在一件自己完全可以驾驭的事情上，这可以有效地缓解焦虑。

3. 妈妈可以带着孩子玩一个缓解焦虑的游戏，让孩子将焦虑内容写下来，再由妈妈和孩子一起开动脑筋思考该如何切实有效地解决它。

4. 睡觉之前，聆听一段舒缓的音乐，给头部做个按摩，情绪和身体的紧张就会得到深度缓解了。

孩子，别让你的“恐惧小怪兽”再作祟了！

很多孩子心中都住着一个名为“恐惧”的“小怪兽”，它时不时地出现，搞得孩子经常被吓得浑身颤抖。面对这样的情况，智慧妈妈怎样有效地帮助孩子克服恐惧，已然成了一个相当严峻的课题。

孩子的“恐惧小怪兽”作祟，智慧妈妈如何应对？

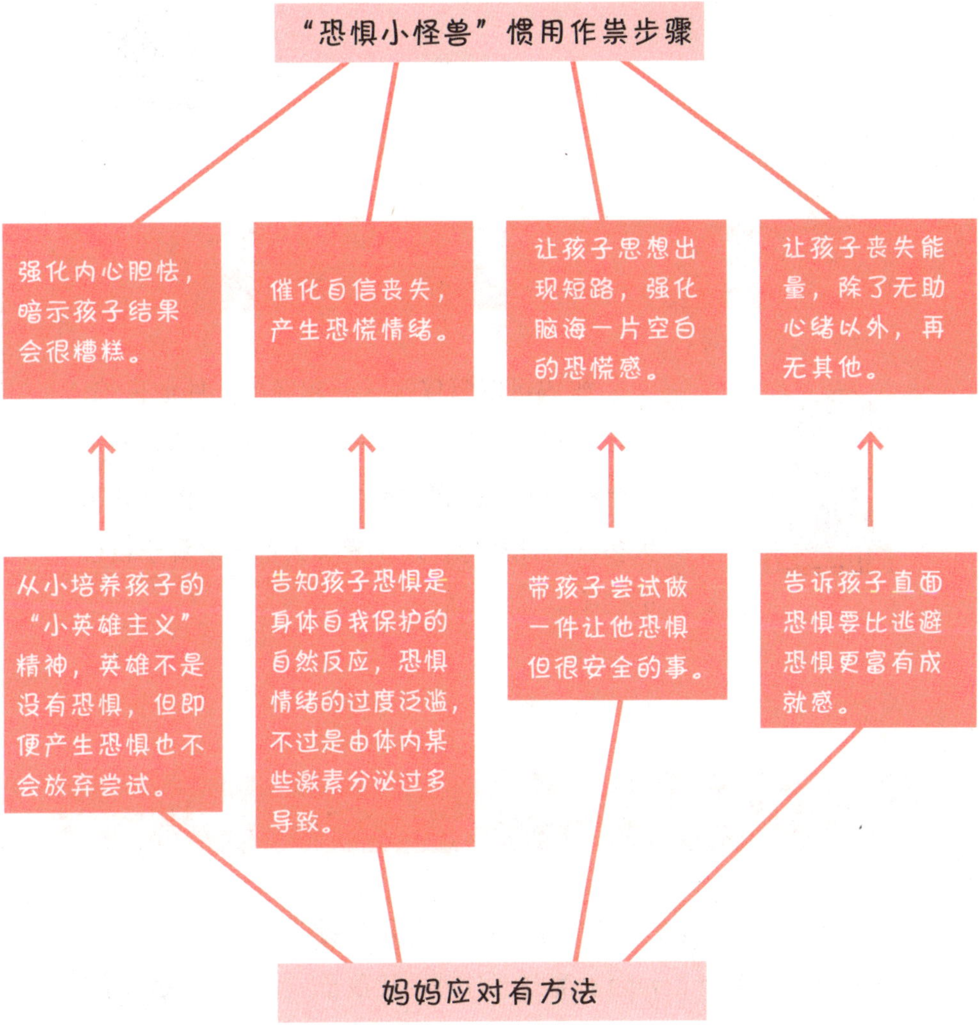

孩子之所以被“恐惧小怪兽”影响，主要原因在于孩子总想回避问题，不愿意直面恐惧。为此好妈妈应引导孩子学会直面恐惧，并在坦然直面的过程中，找到战胜自我的那份成就感。

1 孩子容易受到惊吓，该怎么解决？

引导孩子以正确的方式面对恐惧情绪，每当产生类似反应的时候一定要保持理智，不要自己胡思乱想。

孩子面对自己害怕的事总想逃避，这种心态该怎么克服？ 2

妈妈可以陪伴孩子一起经历一件他害怕，但实际却很安全的事，有了类似的经验，孩子就会在潜意识里慢慢明白，自己害怕的那些事大多都与此类似，恐惧其实大部分来源于自己的想象。

3 孩子晚上害怕得不敢关灯，这种情况该如何处理？

和孩子一起在黑暗的空间待一会儿，看看后面会发生什么，随后离开五分钟，让孩子独处。之后再将离开时间延长到十分钟、二十分钟、三十分钟、一个小时，孩子一旦对拉长的时间有所适应，也就可以独自面对无灯的黑暗了。

1. 面对“恐惧小怪兽”的侵袭，妈妈可以带孩子多了解一些英雄的故事，并鼓励他向英雄学习。告诉他：“英雄不是没有恐惧，但英雄不会因恐惧而停滞不前。”

2. 妈妈可以和孩子一起面对一件他特别害怕但是安全的事，告诉他：“所有你害怕的事，多半都如当下这般安全。”

3. 妈妈可以带着孩子一起从书中了解产生恐惧情绪的原因，并和他分享英雄人物在面对恐惧时的做法。

4. 孩子时不时因恐惧情绪失控，此时妈妈提供的最好助力就是提前练就他的“前奏控制力”，并将这样的举动养成习惯。比如，每当自己深陷恐惧时，不妨先用力攥一攥拳头，这时候孩子就会意识到：“啊,原来我的身体并没有失控啊！”

“敏感”的小孩需要妈妈的怀抱！

孩子总是过度在意别人的想法，总觉得自己是同学聚拢在一起谈论的话题。如何一点点帮助孩子摆脱过度“敏感”，是妈妈在陪伴孩子成长过程中的重要课题。

摆脱过度“敏感”，聪明妈妈有办法！

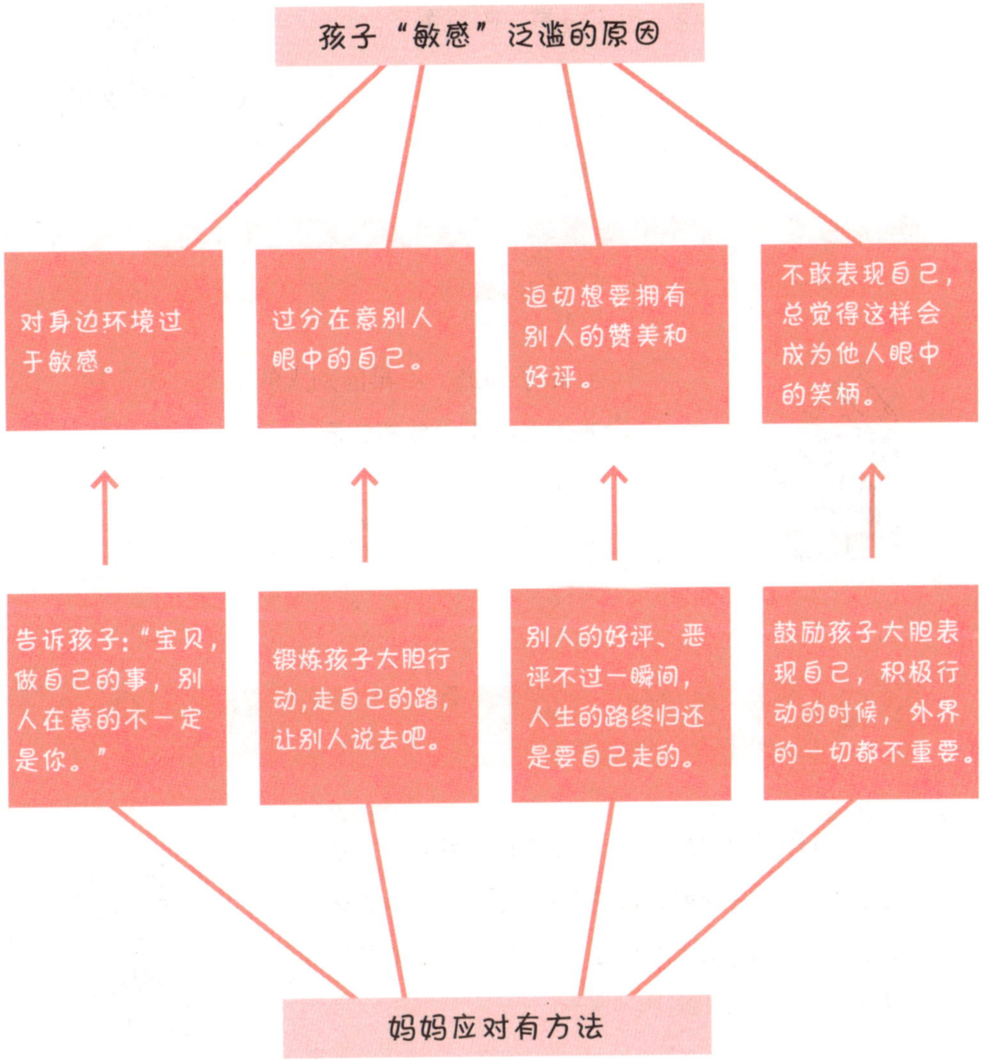

好妈妈必须引导孩子有效调整敏感情绪，鼓励孩子坚定地走好自己的路，至于别人眼中的自己是怎样的并不重要。

1 孩子总是过于敏感，太在意别人的评价，怎么办？

告诉孩子，大部分人不过是人生中的过客，他们只能陪你走一段路。即便再好的评价，就人生的意义来说，也不过是一阵风罢了。

孩子的情绪太容易受别人情绪的影响，怎么办？ 2

让孩子知道，不再因别人的不开心而不开心，才是逐步走向成熟的表现。

3 孩子不敢表现自己，怎么办？

妈妈可以鼓励孩子大胆地表现自己，让孩子知道，一时表现的好坏并不会引起他人长久的关注。一旦孩子明白了这一点，心中敏感的大石头就会彻底放下。

老师建议

1. 当孩子担心自己是朋友谈论的焦点时，妈妈可以积极鼓励孩子大胆上前和同学打招呼。

2. 妈妈可以带着孩子专找人多的地方表现自己，让孩子慢慢发现，原来勇敢表现自我也是一件无比快乐有趣的事。

3. 妈妈可以鼓励孩子在面对朋友的负面情绪时保持定力，以最友善的态度对待对方，但不再因对方的情绪而影响到自己的心情。

4. 当孩子尝试做某件事却遭到他人嘲笑，内心变得敏感而不自信时，妈妈可以鼓励孩子："你是一个勇于探索的孩子，做你想做的事情，其他一切都是浮云。"

消除“抑郁”，去绽放心中的小太阳吧！

孩子动不动因为一些小事情就忧伤，而且抑郁情绪几天都不消退，这样的状态时间长了，必然会影响孩子的身心健康。而聪明的妈妈永远是孩子最贴心的心理健康守护者。

孩子“抑郁”阴云不散，看智慧妈妈如何解决！

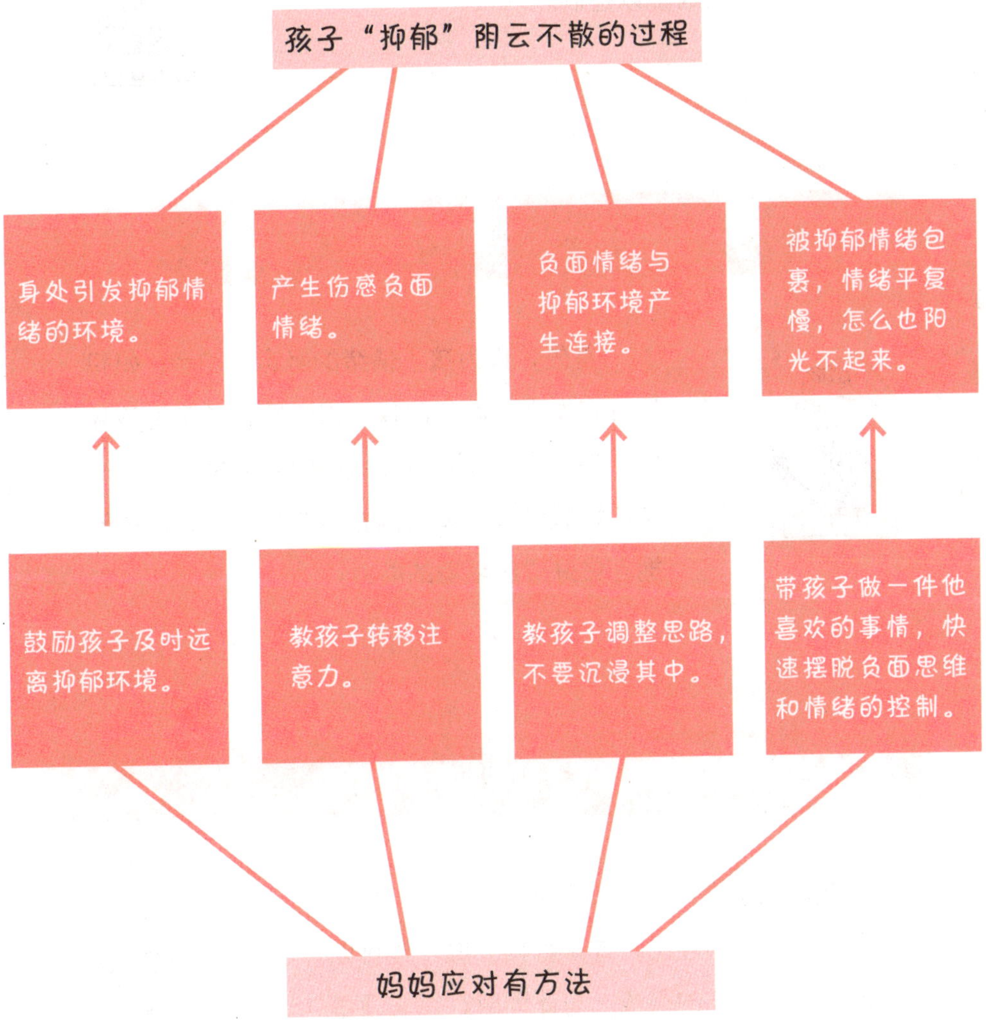

其实抑郁情绪很好调整，妈妈只需按照上述步骤，就能一步步地将孩子带离思维阴霾，教会孩子以更积极的心态面对生活。

1 孩子动不动就产生抑郁情绪，怎么办？

正视抑郁情绪，告诉孩子这种情绪产生的科学原理，这样可以鼓励孩子在抑郁情绪产生的初期对其及时加以控制。

2 孩子很容易被周边的负面环境影响，怎么办？

首先，作为孩子情绪的坚定守护者，妈妈最好在发现问题的时候，果断将孩子带离该环境，将孩子带去可以放松心情的环境。同时一步步地教会孩子调整内在情绪的方法，让孩子拥有更好适应环境的能力。

3 如何有效地调整孩子抑郁的情绪状态？

鼓励孩子在产生抑郁情绪的时候，回想一段令自己愉快的经历，或是直接去做一件可以令自己高兴起来的事情。与此同时，每天适量运动也是可以催生快乐情绪的哦！

老师建议

1. 当孩子被负面情绪笼罩时，可以带他去一个能放松心情的环境，当他的注意力转移到更积极的事物上时，他就会发现，方才诸多消极的想法根本就是不必要的。

2. 妈妈可以和陷入抑郁情绪的孩子进行深入沟通，让他说出自己心中的郁结所在，再由妈妈根据抑郁的内容，有针对性地对他进行宽慰，助力他快速摆脱内心的阴云。

3. 妈妈可以在孩子被抑郁情绪袭扰的时候，带着他做自己特别喜欢的运动项目，以驱逐抑郁情绪的负面能量，增强他的自信心。经过这样正能量满满的调整，孩子的情绪自然能得以平复。

2 无惧压力

王者归来，一个关于抗挫小英雄的养成计划

孩子，失败并不可怕！

打倒『拖延猴子』，做战胜懒散的小斗士

越挫越勇，一边奔跑一边调整姿势

记住！小勇士的字典里，没有『我不行』！

一时失利，小英雄敢不敢从头再来！

孩子，失败并不可怕！

这一次又失败了，我为什么总是失败？
怎么啦，多多，发生了什么？
学校组织跳绳比赛，我没有拿第一。早知道我就不参加了。
没关系，失败是成功之母嘛！
第一名跳了几个，你跳了几个？
她跳了一百零八个，我比她少了三个。
乖宝贝已经很优秀了啊！
可是……我觉得自己什么也做不好。

孩子畏惧失败，总觉得那是一件不光彩的事，每次遭遇失败内心就陷入极度痛苦。而聪明妈妈知道，失败并不可怕，一切都是经历，一切都是探索，一切都是成长的过程，为此她会耐心引导孩子放下对失败的恐惧，勇敢地面对挑战，坦然地面对人生。

孩子怕失败，妈妈善引导！

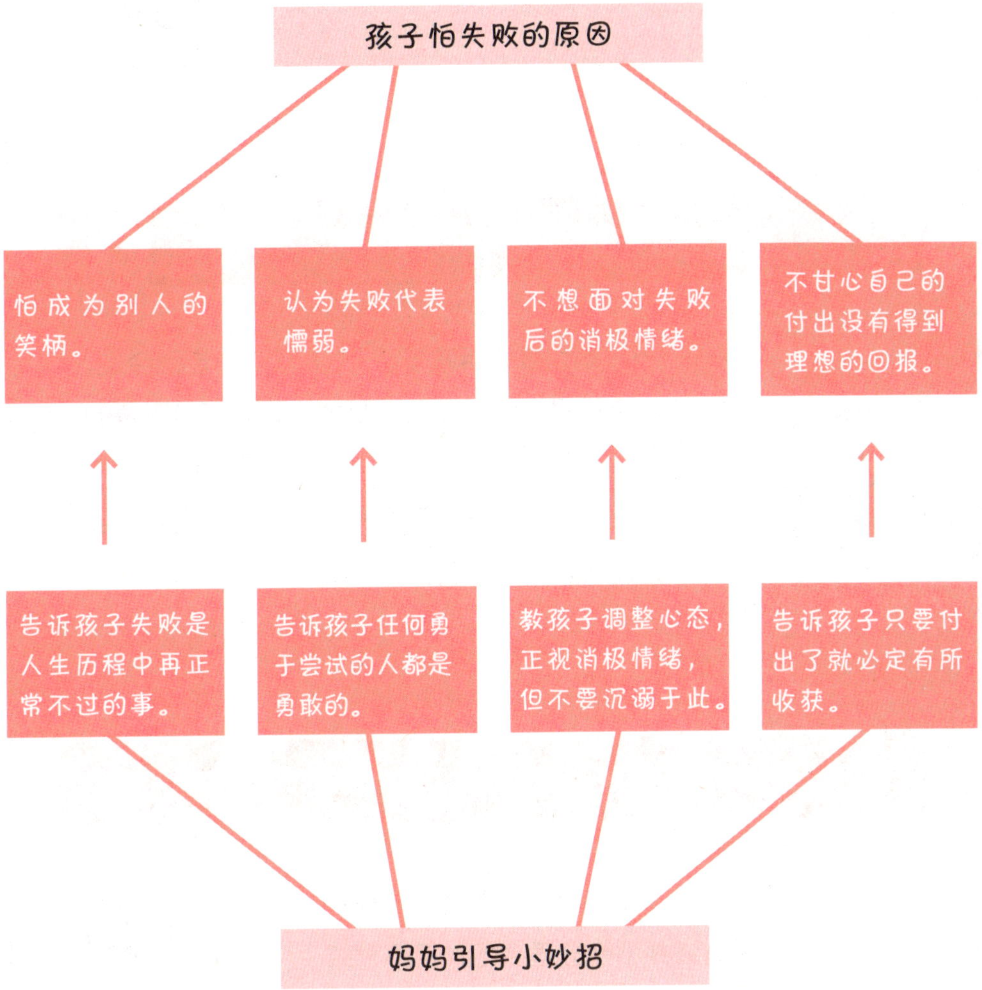

其实失败没什么大不了，只要妈妈引导孩子以平常心看待失败，将对结果的不满化作继续前进的动力，孩子自然会在一次次经历中受益良多。

1 孩子经常因害怕失败而停滞不前，妈妈该怎么引导？

妈妈要告诉孩子，若选择停滞不前，最终的结果除了失败就再也没有别的可能。但如果选择勇敢地面对与尝试，即使失败，亦是虽败犹荣。

2 孩子失败一回就拒绝继续尝试，怎么办？

妈妈要告诉孩子，一个人从不会走到会走，这个过程中经历了数不尽的失败。任何事情的成功都要有一个过程，而失败的磨炼会让小勇士更加勇敢坚强，只要坚持到底，雏鹰终会展翅高飞，翱翔于蓝天。

3 经历了反复失败，孩子产生了退缩心理，怎么办？

告诉孩子他并不是所谓的失败者，只是验证了一些道路或许并不十分适合他，但不管结果怎样，他在探索过程中一定收获了许多，而这些收获都为他今后的人生路做了坚实的铺垫。

老师建议

1. 妈妈可以和孩子一起总结失败后的收获，并将它们一个个落实在笔头上，以此告诉他：“失败只是个概念，只要有收获，你就是成功的。”

2. 妈妈可以和孩子分享自己亲身经历的失败，并陪同孩子阅读、观看一些讲述如何面对失败的书籍、电影等，这样不但可以助力孩子正视失败，还可以有效地开阔孩子的视野。

3. 妈妈可以在孩子遭遇失败的时候，帮助他调整情绪，并引导他：“经过这次失败，你觉得自己有哪些方面存在不足？该如何做才能弥补这些不足呢？此问题提出，孩子就会意识到，原来一次失败经历过后，自己能为自己做的事还有很多。

打倒“拖延猴子”，做战胜懒散的小斗士

现在的许多孩子会受到“拖延猴子”的影响，明明很快可以完成的事情，非要拖到最后才毛毛糙糙地完成。面对“拖延猴子”的挑衅，聪明妈妈怎能袖手旁观，她们会鼓励孩子成为对抗懒散的小斗士，一步步地将孩子培养成主动而自律的好孩子。

“拖延猴子”太嚣张，妈妈引导有方法！

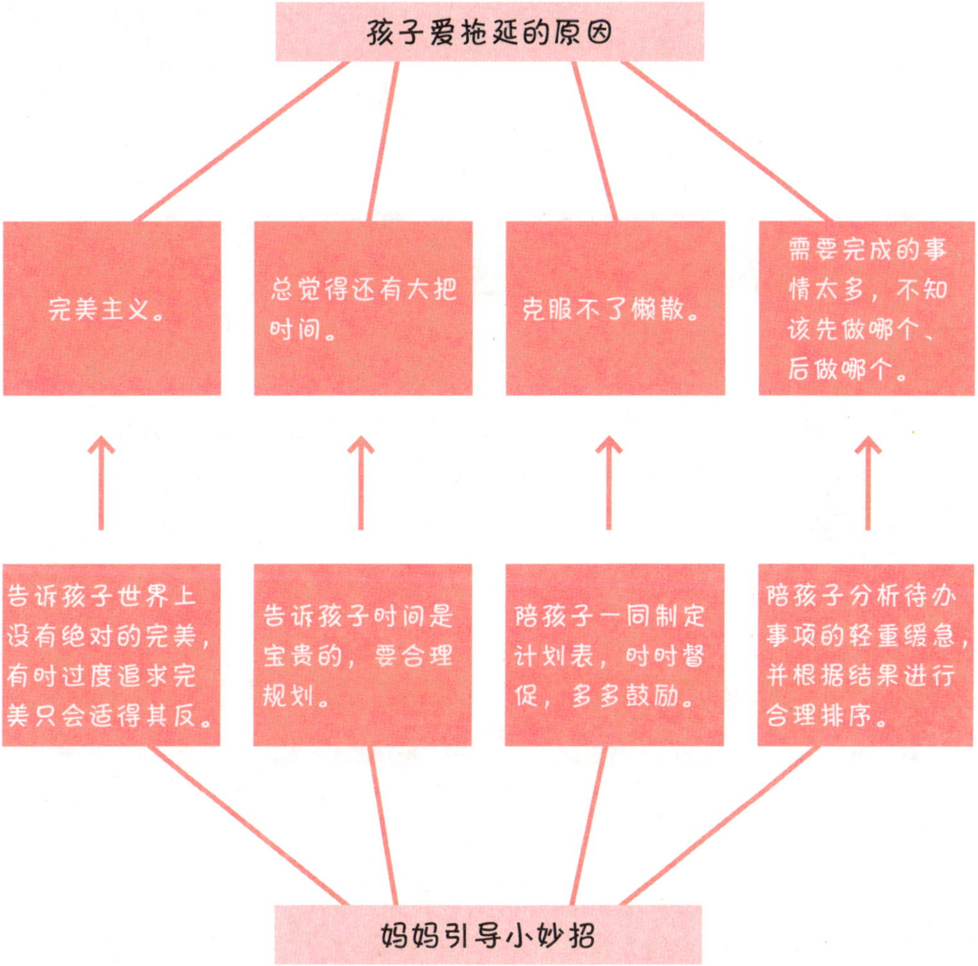

其实“拖延症”很好处理，关键就是要让孩子做好时间管理，列出计划表，计划好自己的每一分每一秒，督促孩子按照该表完成一切。这个过程很有成就感，也有助于孩子养成良好的生活和学习习惯。

1 孩子做事爱拖延，怎么办？

其实方法很简单，帮助孩子制定好一天的时间表，前期可以在孩子每按时完成一项计划后给予适当奖励，这样可以强化孩子的时间意识，还能让孩子找到属于自己的喜悦感和成就感。

2 孩子行为懒散，怎么办？

孩子之所以懒散，是因为他对眼前所要做的事情没有兴趣。聪明妈妈会引导孩子从各种事情中发现乐趣，进而经营好自己的时间。

3 孩子因害怕事情做不好而迟迟不肯动手，怎么办？

妈妈要让孩子明白，想把一件事做好，需要一个循序渐进的过程。与其守着心中的完美主义不放，不如立足当下，大胆付诸行动，有行动才有收获！

老师建议

1. 孩子受到完美主义的束缚时，妈妈可以鼓励孩子勇敢地迈出第一步，当孩子在实践过程中找到自己的节奏后就会发现，之前的拖延是根本没有必要的。

2. 妈妈可以引导孩子自主制定自己一天的时间计划表，督促孩子根据该表按时完成每一项任务，长此以往，孩子就会慢慢养成不拖延的好习惯。

3. 妈妈可以教孩子利用四象限法则来管理时间。四个象限分别是：既紧急又重要的事、不紧急但重要的事、紧急但不重要的事、不紧急也不重要的事。这样孩子便可以有效率地根据事情的主次和轻重缓急进行合理的时间规划。

越挫越勇，一边奔跑一边调整姿势

一点小小的挫折就让孩子有一种挫败感，这样的问题若不解决，很可能对孩子的身心健康造成严重影响。在很多成功人士看来，挫折是生命中最珍贵的礼物，他们也正是秉持越挫越勇的精神，才绽放出了绚烂的生命之花。好妈妈应让孩子尽早意识到这一点。

孩子遭遇挫败，妈妈善于引导！

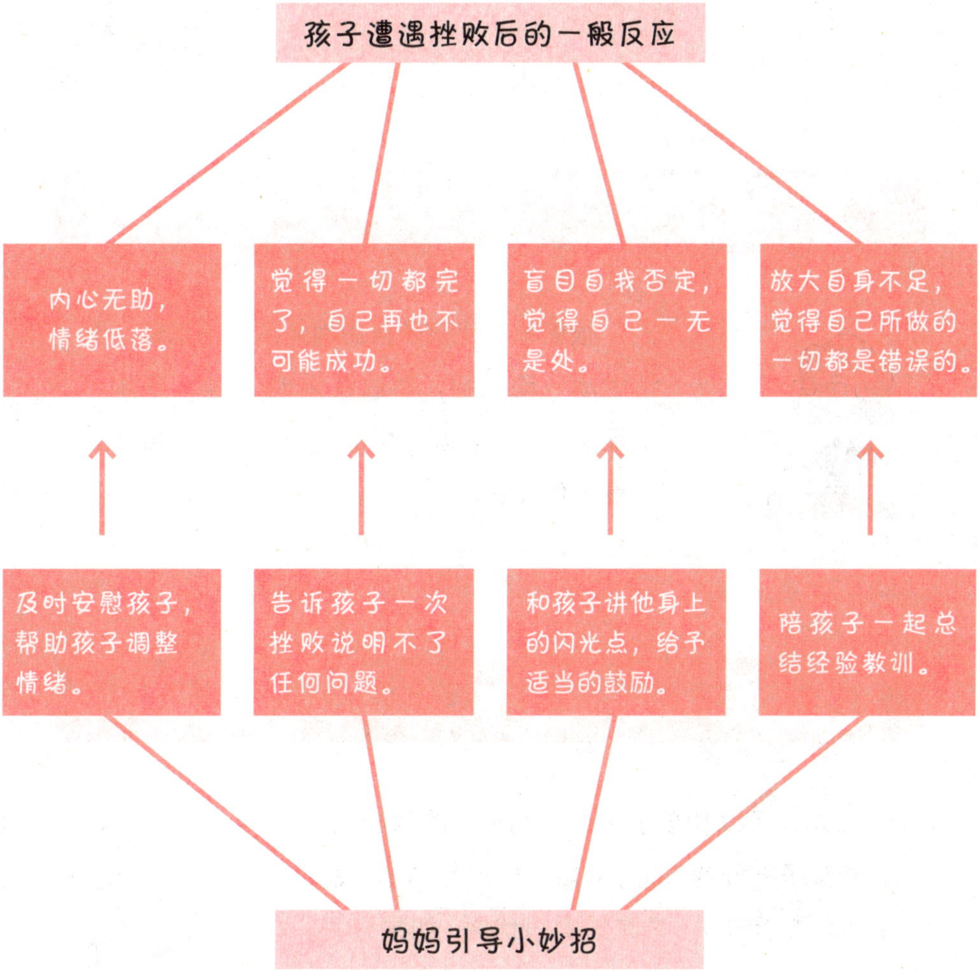

很多成功的经验都是历经无数次挫败总结出来的，妈妈要引导孩子拥有越挫越勇的勇气，这样才能更坦然地面对困难，成就更好的自己。

1 孩子遭遇挫败后一蹶不振，妈妈该如何加以引导？

告诉孩子，当下的一切不过是一段经历，而即便是再糟糕的经历，也不会让一个人在黑暗中伫立太久，明天的太阳依旧会照常升起。

2 孩子一遭遇挫败，就觉得自己一切都完了，这样的状态该怎样调整？

很简单，让孩子自由地伸展一下双臂，灵活地动一动双腿，然后告诉他："哇！身体一切正常，怎么能说一切都完了，你能为自己做的事还有很多啊！"

3 孩子经常会放大自身不足，觉得自己一无是处，怎么办？

妈妈可以和孩子讲一讲他身上的闪光点，给予孩子充分的鼓励，并陪孩子一起总结经验教训，告诉孩子："你其实很优秀，如果今后能吸取这些经验教训，你一定能做得更好！"

老师建议

1. 妈妈可以在孩子放大自身不足的时候，及时给予他陪伴与鼓励，这样不但可以助力他快速从负面情绪中脱身，还可以让他越挫越勇。

2. 孩子因挫败而情绪低落，妈妈不妨和孩子一起坐下来回顾整个事情的经过，并对其间的正确做法加以肯定，并陪孩子一起总结经验教训，这样孩子便可以一点点找回自己在事件中的成就感，以更积极的态度着眼当下。

3. 当孩子因挫败觉得自己一无是处，妈妈不妨和孩了一起列举一下他的优点，并找一张纸，一条条地将这些优点写下来。

记住！小勇士的字典里，没有“我不行”！

现在很多孩子动不动就对自己没有信心，事情还没经历，就先觉得自己不行。时间一长，孩子就丧失了做事情的积极性。那么聪明妈妈应该如何纠正孩子的错误想法呢？

孩子说“我不行”，妈妈怎么办？

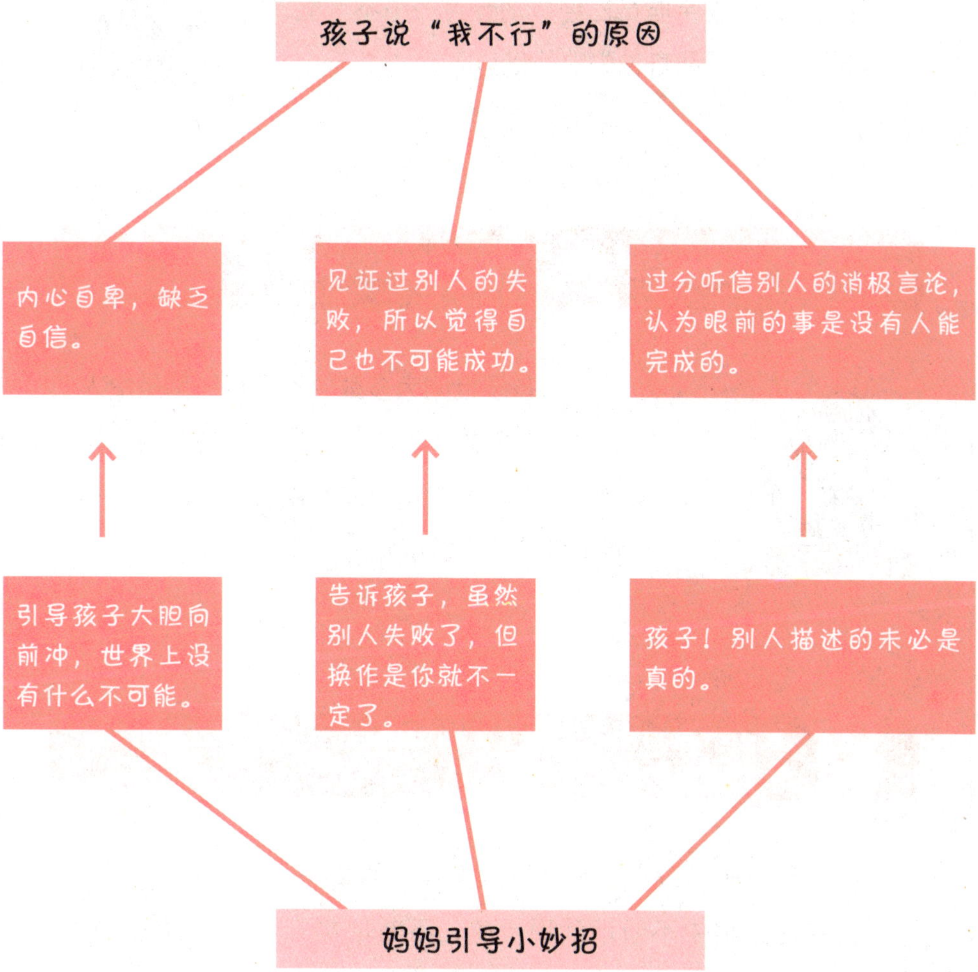

面对孩子的“我不行”，妈妈只需强化他内心的自信，让他看清自身的能量，一步步地引导他穿越“我不行”的阴霾，唤醒小勇士的雄心。

1 孩子过于自卑，总觉得自己什么都“不可能”，这样消极的态度怎么纠正？

妈妈应该给孩子进行讲解，结合具体例子对其错误想法加以纠正，比如古人觉得月球不可抵达，现在宇航员已经成功登月……不可能只是不敢尝试和害怕失败的借口。

2 孩子总因觉得自己“不可能”而悲伤，怎么办？

告诉孩子世间大多数“不可能”都是由人打破的，大多数“可能”都是由人创造的，与其自怨自艾，不如找到并发挥自身的优势，找到属于自己的那份成就感。

3 孩子一看到别人失败了，就觉得自己也不可能成功，作为妈妈该怎么引导？

带着孩子勇敢尝试一件别人失败了的事，当他在此过程中不断地涌现灵感，不断地接近成功，这种发自内心的真实成就感，会让他意识到永远不要把别人的失败当成自己落实行动后的必然结果。

老师建议

1. 妈妈可以引导孩子秉持“向前冲”的精神去对抗内心的“我不行”，告诉孩子不要在任何事情结束之前妄下结论。

2. 当孩子因别人的失败而却步的时候，妈妈不妨给予孩子这样的有效引导：“一个人一次的失败，不代表他将永远失败。同样一件事，一个人失败了，换个人做，结果说不定会不一样……”

3. 当孩子因为听信他人的消极言论而一蹶不振，妈妈应该认真地告诉孩子：“对于当下的事，听信那些并未真实体验到成功之人的言语，等同于浪费时间。所以勇敢去实践吧，说不定你就是最终走向成功的那一个。”

4. 和孩子一起在成功人士的事迹中寻找自信，并肯定地告诉他：“只要拥有理想与信念，找到并发挥自身的优势，勇于实践，一切皆有可能。”

一时失利，小英雄敢不敢从头再来！

孩子一时失利，从此便一蹶不振，丧失了从头再来的勇气。对于这样消极的心态，智慧妈妈看在眼里，急在心里。于是，学会以最正确的方式对孩子加以引导，重塑他的信心，提升他的勇气，给予他从头再来的斗志和能量，是智慧妈妈的当务之急。

孩子因失利而气馁，智慧妈妈怎么帮？

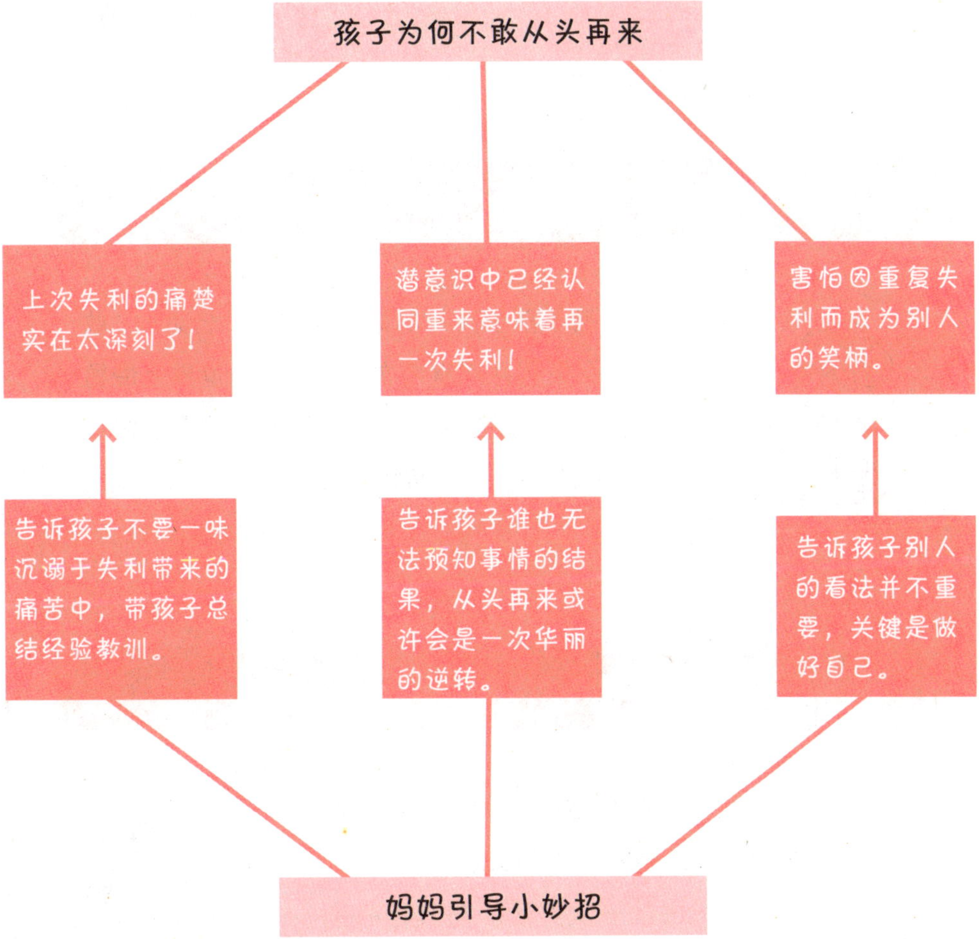

孩子害怕从头再来，主要原因是无法忘记上次失利的痛苦，聪明的妈妈应帮助孩子正确看待失利，鼓励孩子吸取经验教训，再接再厉。

1 孩子因一时失利而气馁，不敢再次尝试，怎么办？

告诉孩子上一次失利已是往事，而目前最重要的是总结经验，把握当下，一切皆有可能。

孩子害怕再次失利，不愿重新上路，怎么办？ 2

给予孩子充分的鼓励与陪伴，告诉他，敢于直面失利并愿意再次尝试的人是世界上最勇敢的人，不论结果如何，只要选择重新上路就已经比大部分人厉害很多了。

3 孩子害怕因重复失利而成为他人笑柄，怎么办？

告诉孩子，失利很重要，因为它为我们带来了宝贵的经验，但同时失利又没那么重要，因为它不过是过去的一次经历。与其担心别人的看法，不如全身心投入下一次尝试。

老师建议

1. 妈妈可以和孩子一起举办一个和过去失利的告别仪式，在仪式上妈妈可以鼓励孩子："曾经的失利已经过去，现在的你只需着眼当下，从头再来，万事皆有可能！"

2. 妈妈可以和孩子一起探讨失利的含义和多重作用，弱化这个词带给孩子的痛苦。

3.妈妈可以和孩子分享自己小时候的一些失利后又成功的故事，以此勉励他："人生的成败从来都不是定数，只要勇于重新上路，说不定这次就成功了呢？"

3 社交智慧

优化人际关系，让『交际小达人』从这里出发吧

孩子不愿意交朋友？妈妈单凭鼓励还不够！

当孩子说『妈妈，我被欺负了』！

孩子跟小朋友闹矛盾了怎么办？

宝贝，好东西是需要与大家分享的！

孩子不敢跟陌生人说话？妈妈有办法！

孩子不愿意交朋友？妈妈单凭鼓励还不够！

孩子不愿意交朋友，妈妈应该认真和孩子沟通，了解他内心的想法，从而“对症下药”，根据具体情况寻找合适的解决方法。

孩子不愿意交朋友，聪明妈妈怎么办?

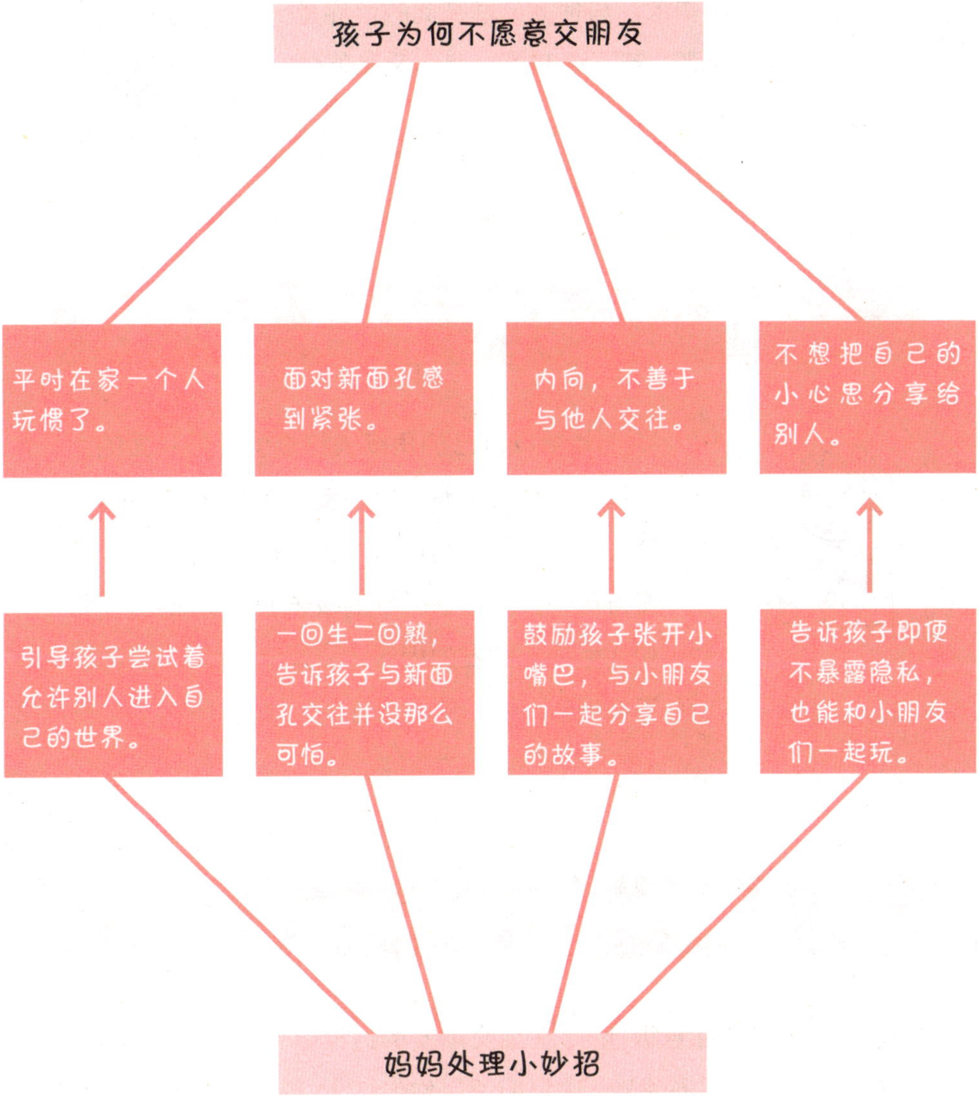

不是每一个孩子都是天生的社交达人，当孩子遇到社交障碍时，聪明妈妈会有技巧地帮助孩子。

1 孩子不爱跟小朋友接触，怎么办？

告诉孩子，有时候允许别人进入自己的世界，也是一种勇敢。与他人分享彼此的世界是一种有趣的体验，若不迈开第一步，又怎能体验到这些精彩。

孩子很高冷，总说自己不稀罕与他人交往，怎么办？ 2

单单以自己的角度去打量世界是片面的，但倘若此时身边有一个朋友，就可以多一重视角去看待世界。当自己的视野在他人的助力下变得越发开阔，这时候的孩子就会意识到，假如此生少了朋友的相伴，将是一件多么遗憾的事情啊！

3 孩子曾有失败的交友经历，不愿再主动交友，怎么办？

安慰孩子并告诉他："在结交朋友的过程中遭遇拒绝并不是失败，这只能说明你们不太适合做朋友，世界上有那么多人，你一定可以找到与自己合拍的好朋友。"

1. 妈妈可以鼓励孩子主动和小朋友接触，起初自己可以在不远处驻足观望，不断给予他肯定的目光；当孩子慢慢融入集体，妈妈便可以适时抽身，给予孩子更多的自由空间，推动孩子与小朋友更自然地交往。

2. 妈妈可以鼓励孩子勇敢地向身边的小朋友抛出一些自己感兴趣的话题，并用心倾听其他小朋友对于话题的看法。在这个过程中孩子就会发现，和自己一样有趣的人实在太多啦！多一个朋友，多一个视角，有朋友的生活才会更加绚丽多彩。

3. 妈妈可以鼓励孩子主动与其他小朋友打招呼，保持微笑，塑造自身的亲和力，这样小朋友就会给予更友好的回应。

当孩子说“妈妈，我被欺负了”！

当孩子说“妈妈，我被别人欺负了”，很多妈妈的心都会揪起来，想替孩子解决一切问题。但其实孩子之间的事情最好由孩子自己去处理，而作为大人的我们只需给予孩子解决问题的思路和方法。但如果遇到孩子无法独立处理的问题，妈妈一定要及时干预。

孩子被小朋友欺负，聪明妈妈怎么办？

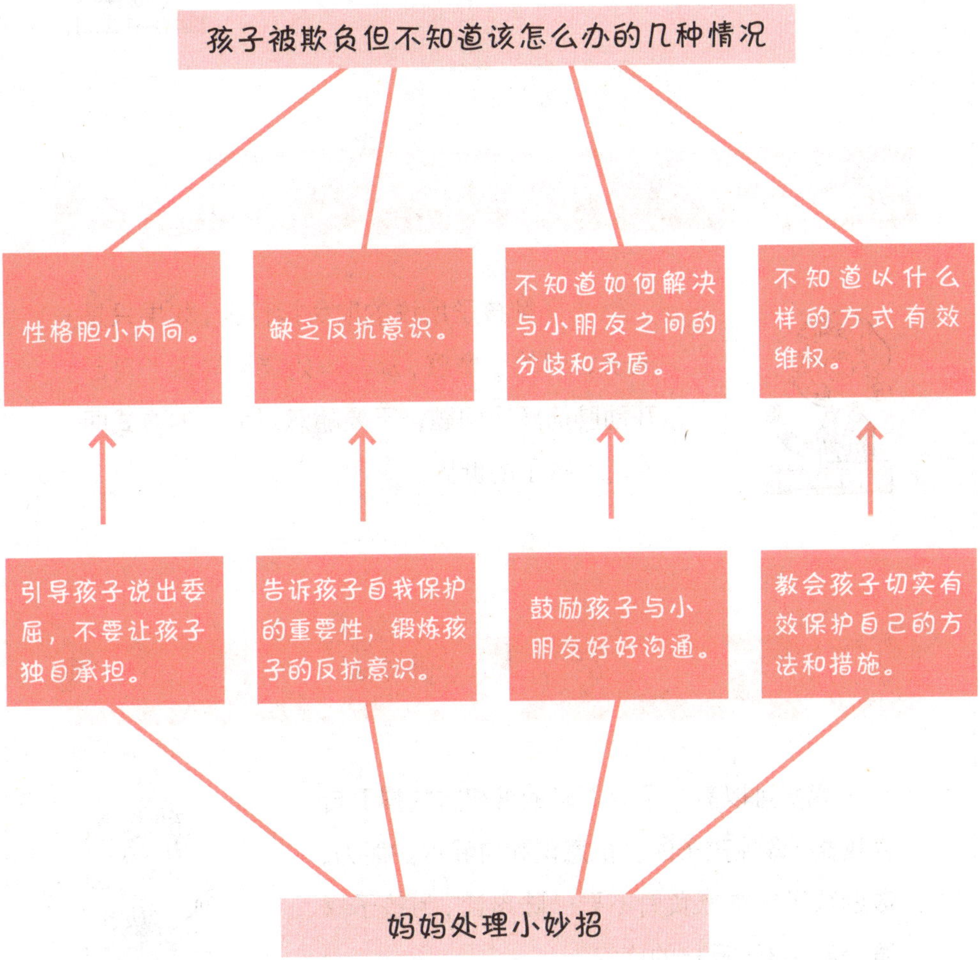

聪明妈妈会用理智解决孩子受欺负的问题。

1 孩子在学校总被小朋友欺负，作为妈妈我真的很担心，怎么办？

妈妈可以先全面地了解孩子在学校遇到的具体情况，有针对性地提出建议，必要时采取措施加以干预，比如和老师、对方家长沟通等。

2 孩子一被别人欺负，就向我告状，这样的问题该怎么解决？

先了解孩子所说的欺负指什么，如果只是孩子之间的小摩擦，那么妈妈要引导孩子自己开动脑筋解决问题，不要随意以大人的方式闯入两个孩子的世界。

3 孩子太软弱，经常在学校挨欺负，该如何让他强大起来？

妈妈可以教孩子以正确的维权方式捍卫自身权益。锻炼孩子的反抗意识和自我保护能力，鼓励孩子在被欺负时不要一味忍让，为孩子撑腰，给予孩子反抗的底气。

老师建议

1. 妈妈在倾听的时候，可以拿出一个小本，将事件中的关键点记录下来，以便有针对性地对孩子遇到的问题提出建议。

2. 妈妈可以引导孩子针对自己与小朋友之间的矛盾，友好地与对方进行沟通，这样不但能够有效地化解矛盾，还可以在增进友谊的同时，进一步增加对彼此的了解。

3. 当孩子受到真正的霸凌时，父母一定要坚决采取干预手段，例如和学校沟通、及时报警等，最大限度保护孩子的身心健康。

孩子跟小朋友闹矛盾了怎么办?

孩子与身边的小朋友闹了矛盾，回家就像个鼓鼓的气球一样，不知道什么时候情绪就会爆发。面对这样的情况，妈妈最好的引导方式是教孩子与小朋友进行有效沟通。

孩子和小朋友闹矛盾怎么办?

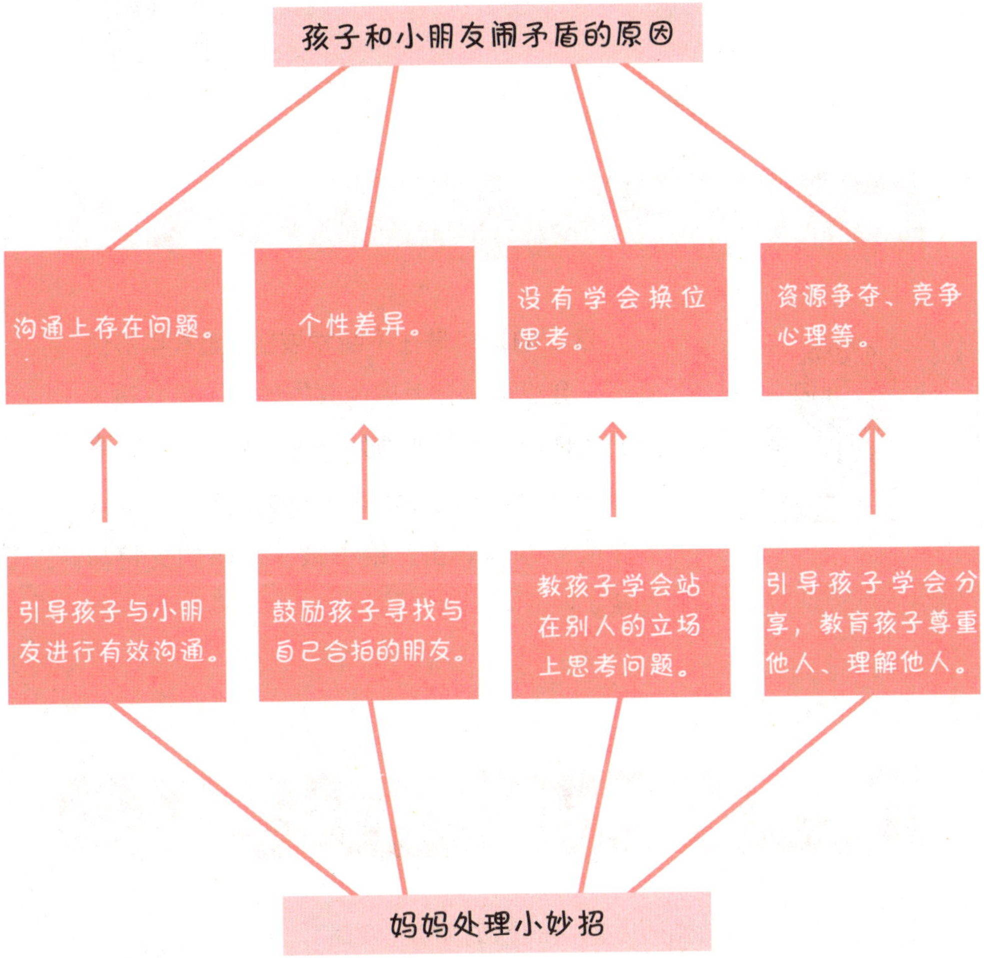

孩子与小朋友之间产生矛盾的原因是多种多样的，妈妈要具体问题具体分析，给出有针对性的建议。

1 孩子因和小朋友闹矛盾，回来闷闷不乐好几天，该怎么开导他？

第一，听孩子讲述事情的原委。第二，以建议而不是批评的方式与孩子一起分析问题、解决问题。

孩子过于自我，总是与小朋友产生矛盾，这样的问题该怎么解决？ 2

孩子的认知是在不断发展的，随着年龄的增长，会逐渐学会考虑他人的感受，而在孩子成长过程中，我们要做好引导与教育工作，鼓励孩子多换位思考，培养孩子的同理心，教孩子学会分享与尊重，给予孩子足够的支持与理解。

3 孩子与小朋友闹矛盾后不愿与对方沟通，怎么办？

让孩子明白沟通是解决问题的关键，及时有效的沟通可以促进彼此互相理解，避免更多误会的产生，让这段友谊更好地持续下去。

老师建议

1. 妈妈可以引导孩子以有效沟通的方式，消除自己与小朋友之间的矛盾与隔阂，从而更进一步加深彼此的交流和友谊。值得强调的是，这里的沟通是理性沟通而非情绪沟通，只有理性沟通才能有效解决问题。

2. 妈妈可以鼓励孩子友好地表明态度，告诉对方：“我很珍惜和你的友谊，现在的沟通就是想解决我们之间存在的一个很小的问题。我相信把一切说清楚后，我们还会是很好的朋友。”这样对方就会把注意力集中在问题本身，再想达成后面的和解，就容易多了。

3. 当孩子与小朋友出现闹矛盾迹象的时候，妈妈应引导孩子冷静下来，不要意气用事，这样能够让孩子避免情绪化的决策，为解决问题创造一个平和理性的环境。

宝贝，好东西是需要与大家分享的！

孩子不愿意与别人分享，一遇到需要分享的情况就十分抗拒，久而久之，身边的朋友越来越少，面对这一问题，妈妈该如何解决呢？

孩子不愿分享，妈妈要巧妙引导！

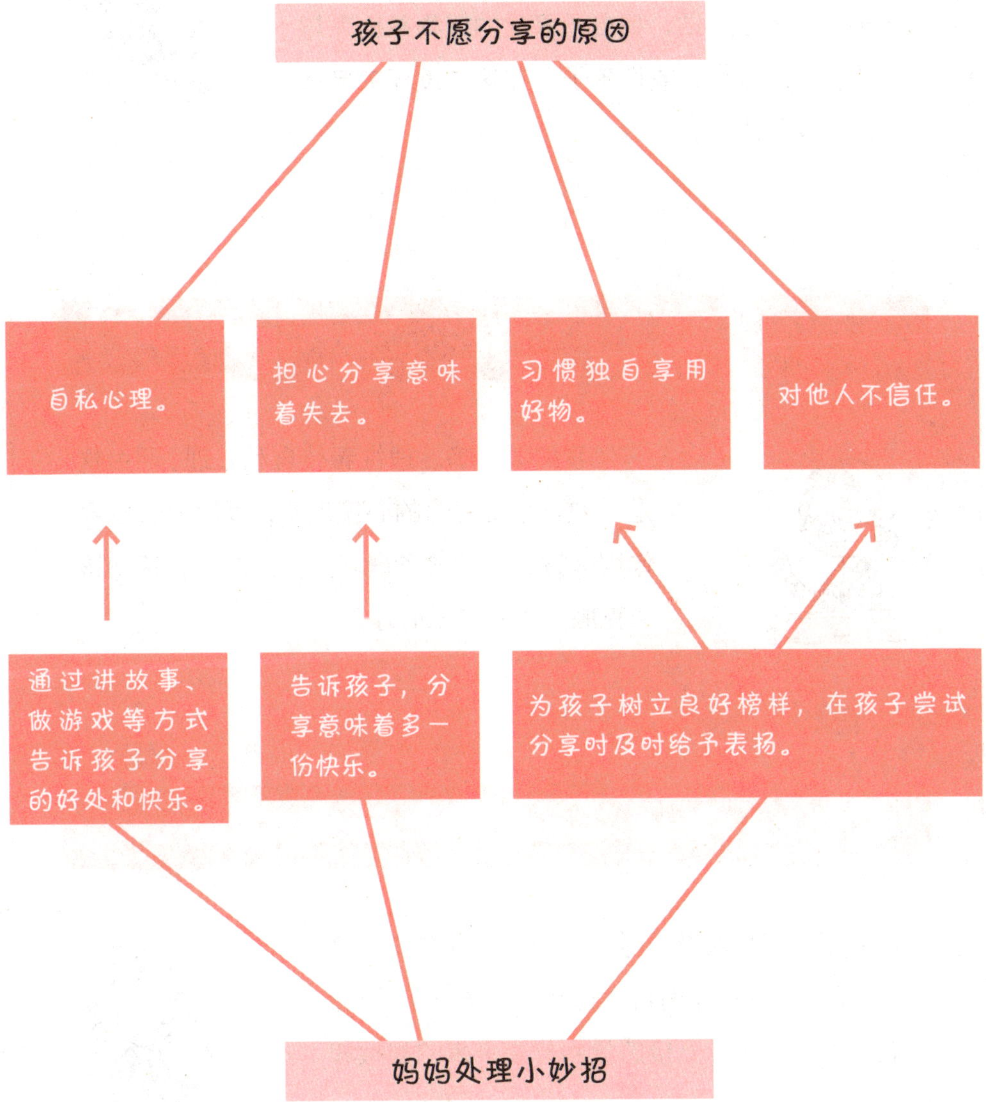

让孩子先学会在家庭内部分享，逐步培养分享习惯。

1 孩子怎么也不愿意跟别人分享好物，妈妈该怎么引导？

之所以会出现这个问题，主要原因在于孩子习惯了独自享用好物，这时妈妈应该鼓励孩子进行勇敢尝试，把自己喜欢的好物拿出来与朋友一起分享，或许孩子会在这一过程中自然而然收获快乐。

孩子自私心理太重，怎么办？ 2

我们要正确、理性看待自私心理，明白这是一种正常且普遍的心理现象，同时通过以身作则等方式引导孩子理解分享的意义，帮助孩子克服过重的自私心理。

3 孩子不愿分享，总觉得分享意味着失去，怎么办？

妈妈可以和孩子做一个游戏，让孩子分享给自己一个好物，而自己也回应孩子一个惊喜。这样可以让孩子直接感觉到分享带来的回报和快乐。

老师建议

1. 妈妈可以以身作则，将自己身边的一些闲置好物整理出来，带着孩子分享给别人，当孩子看到收到好物的人们脸上的微笑，便会意识到，分享本身是一件无比幸福的事。

2. 妈妈可以买一些小礼物，和孩子一起在漂亮的小卡片上写上祝福，将细心准备好的礼物送给身边的好朋友，让孩子体会分享的快乐。

3. 妈妈可以鼓励孩子尝试着将自己最喜欢的好物，与身边最好的一个朋友进行交换和分享。当两个孩子在彼此分享的好物陪伴下度过了美好的一天后，孩子就会迫切地开始期待下一次分享，觉得若是这样的幸福能不断延续下去该有多好。

孩子不敢跟陌生人说话？妈妈有办法！

孩子不敢跟陌生人说话，这让许多妈妈感到担忧和困惑。随着科技的飞速发展和全球化的日益推进，人际交往越来越成为我们生活中不可或缺的一部分。然而，孩子的羞涩和不安往往成为他们与外界沟通的障碍。其实，只要正确引导，孩子很快就能做出好的改变。

孩子不敢跟陌生人说话怎么办?

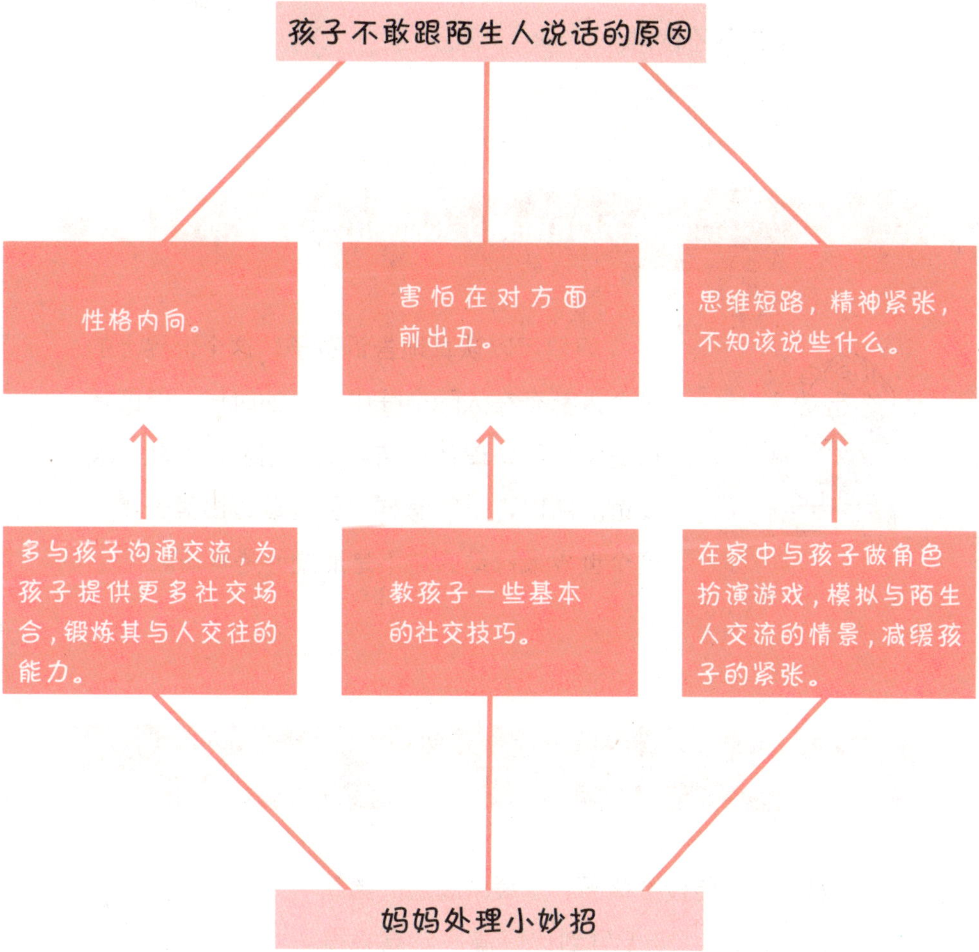

帮孩子解决不敢跟陌生人说话的问题，要多从孩子角度思考原因并给出解决方案。

1 孩子不知道该如何与陌生人交流，怎么办？

妈妈可以提前为孩子设计几个与陌生人互动的话题，鼓励孩子先用这些话题与陌生人进行沟通交流。当两个人的话匣子打开后，心里的紧张感得到舒缓，孩子就会意识到，原来与陌生人交流并不困难。

2 孩子害怕在陌生人面前出丑，怎么办？

妈妈可以认真地告诉孩子，这个世界上的每个人都有在人际交往中出丑的时候，但即便如此，也不妨碍他们结识陌生朋友、成就一段友谊。所以，不管怎样，要勇敢迈出第一步。这个世界最打动人的不是形式而是真诚。

3 孩子一见陌生人就紧张得思维短路，怎么办？

妈妈可以传授给孩子一些缓解尴尬的幽默小方法，比如：“今天见到你好高兴，高兴得我一激动，都不知道说什么了。”这样一来，对方既知道了孩子的诚意，也会对孩子的紧张予以理解和包容。

老师建议

1. 妈妈可以提前与孩子一起搜集一些和陌生人交流的话题，再教孩子一些与人沟通的技巧，如此一来，孩子就有了自信和底气，不但不会产生紧张情绪，还能在与陌生人沟通的过程中，源源不断地发现互动的惊喜。

2. 妈妈可以带孩子接触多种社交场合，例如先从家庭聚会开始，逐步过渡到大型社交活动，以此锻炼孩子的人际交往能力和语言表达能力。

3. 妈妈可以陪同孩子一起模拟和陌生人交流的情景，在妈妈的陪伴下，孩子会放松下来，专注于情景本身，从而达到很好的锻炼效果。当孩子渐入佳境，妈妈则可以引导孩子主动去和陌生人进行交流，此时孩子会意识到，原来和陌生人说话没有想象中可怕。

4 才艺发掘

告诉孩子，你的才艺就是你的魅力

孩子『浪费』自己的音乐天赋，妈妈该怎么办？

如何培养孩子的绘画兴趣？

告诉孩子，为什么要练就一手好字

如何培养『小小演说家』？

一个体育爱好，让孩子受益终身！

孩子“浪费”自己的音乐天赋，妈妈该怎么办？

孩子明明很有音乐天赋，却对学习乐器没有任何兴趣，一到练习的时候，就找理由跑开，总觉得那是一天中最枯燥乏味的事。如何及时地对孩子加以引导，助力孩子更好地沉浸于音乐世界，便成了摆在妈妈面前的一大课题。

孩子有天赋却不愿意练琴，聪明妈妈怎么办？

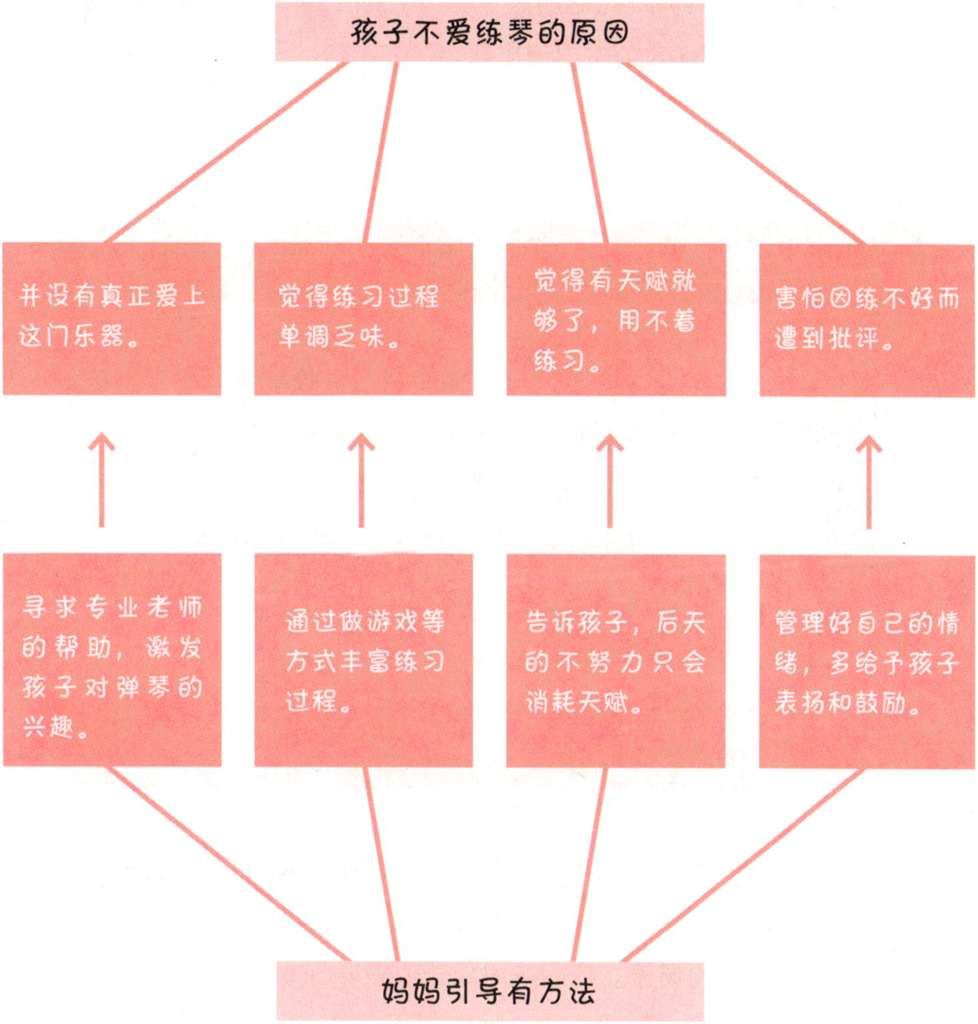

兴趣是最好的老师，当孩子真正喜欢上音乐，就能全身心地投入其中了。

1 孩子有天赋却不愿意练琴，妈妈该怎么引导？

妈妈可以认真地告诉孩子："妈妈觉得天赋是可贵的，要是浪费了就太可惜了。希望当我老去，不在你身边的时候，你的身边仍然还会有一个自己喜爱的乐器相伴。它将是一种终生的陪伴，随时可以给你带来美好的灵魂慰藉。"

孩子觉得练琴太枯燥，一到练习时就想跑，怎么办？ 2

妈妈可以通过做游戏、讲故事等方式丰富孩子的练琴过程，使弹琴变得生动有趣，同时告诉孩子："日复一日的练习虽然单调，但我们可以积极发挥主观能动性，从中寻找独特的乐趣。"

3 孩子总把练琴当成一项痛苦的任务，对于这样的想法，妈妈该怎么引导？

在每次开始练琴之前，和孩子闭上眼睛一起憧憬一下未来，想象自己在演奏厅熟练弹奏乐器获得满堂喝彩的场景。随后妈妈便可以意味深长地告诉孩子："只有下苦功夫，才能有所成就。"这时孩子就会意识到，原来当下吃的每一分苦，都是有意义和价值的。

老师建议

1. 妈妈可以和孩子一起阅读一些音乐家的传记，让孩子在音乐家的人生经历中获得养分，在他们的故事中寻找到自己的影子，引发孩子的共鸣。

2. 邀请一些热爱音乐的大朋友、小朋友与孩子一起分享他们的故事，这时候孩子就会逐渐受到他们热爱音乐的感染，对成为小小音乐家而深感自豪。

3. 妈妈一定要在孩子练琴的时候，克制好自己的不良情绪，不要随意在孩子练琴状态不好的时候训斥他们，这样会引发孩子练琴的逆反情绪。我们应该对孩子练琴的辛苦报以鼓励和表扬，以此推动孩子不断进步。

如何培养孩子的绘画兴趣？

想要培养孩子的绘画兴趣其实很简单，只需要让孩子对手中的画笔产生感觉，鼓励孩子将想象中的画面画出来。在这个过程中妈妈要保持耐心，随时给予孩子肯定与鼓励。

培养孩子的绘画兴趣，聪明妈妈有方法！

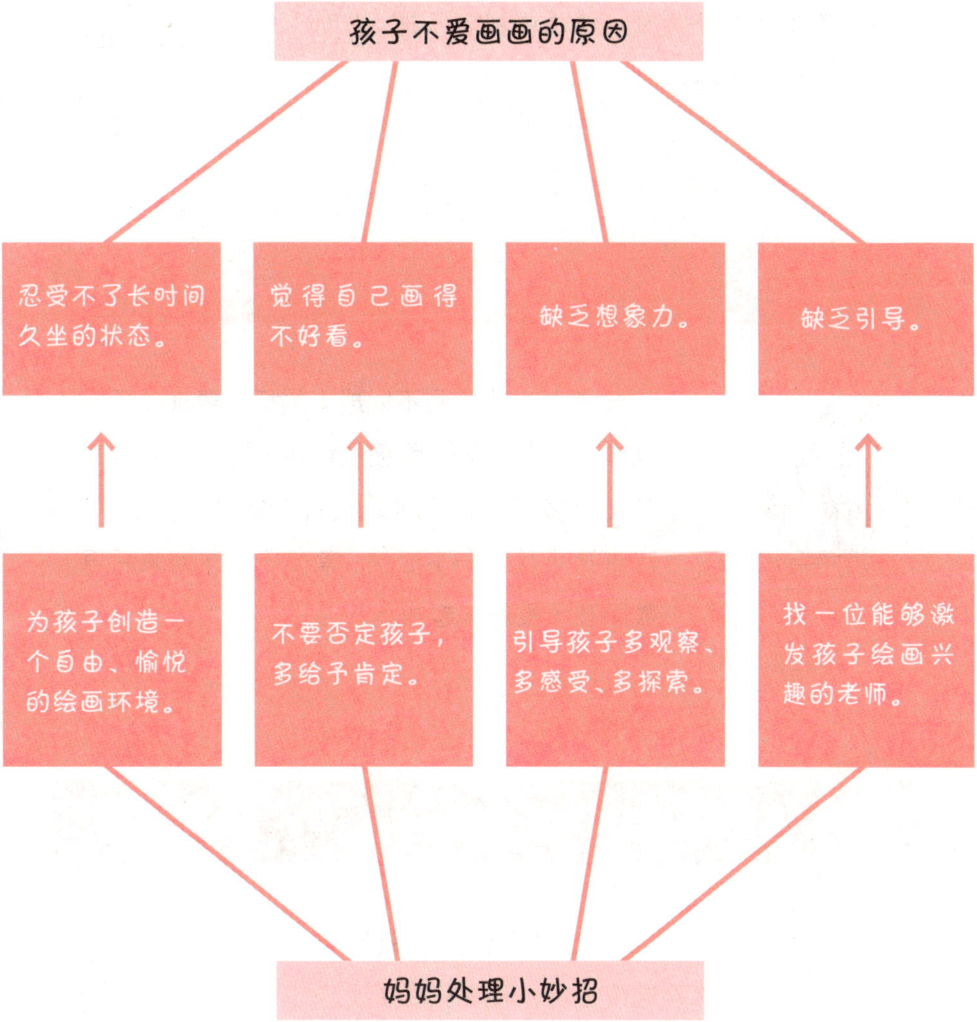

学习绘画的初期会遇到各种困难，妈妈要多角度鼓励孩子，奖励孩子每一次的小小进步。

1 孩子一画画就坐不住，怎么办？

说明孩子还没有真正对绘画产生兴趣，妈妈可以找一位美术老师对孩子进行专业引导，同时为孩子创造一个自由、愉悦的绘画环境，这样有助于孩子逐渐从绘画中找到乐趣，进而对绘画产生兴趣。

孩子觉得自己画得不好看就不爱画了，怎么办？ 2

首先，要做到不以成人的标准要求孩子的画作，多给予孩子积极的鼓励；其次，告诉孩子美是多元的，不要轻易否定自己；最后，可以带孩子放松一下心情，等孩子状态回来后再鼓励孩子重新拿起画笔。

3 孩子绘画缺乏想象力，怎么办？

妈妈可以带着孩子走进大自然，跟他一起仔细观察、体验这个世界；带孩子多参观艺术展，让孩子从各个艺术家的作品中汲取美的养分。

老师建议

1. 妈妈可以带孩子多参观画展，欣赏不同风格的画作，引导他们找出自己最喜欢的风格，进而确定培养方向。

2. 妈妈可以随便找来家里的一个物件，让孩子用自己喜欢的绘画方式将它画在纸上，锻炼孩子的观察能力。

3. 和孩子一起玩一场调色的游戏，同时教给孩子一些关于颜色的基本知识，这样不仅可以提高孩子的色彩敏感度，还能培养孩子的创造力，锻炼孩子的动手能力。

告诉孩子，为什么要练就一手好字

孩子之所以不愿意练字，很可能是因为他们仅仅看到了汉字的实用价值，忽略了汉字的审美价值，而此时的妈妈要做的，就是引导孩子感受汉字之美，告诉孩子写一手好字的重要性。

孩子练好字，妈妈讲方法！

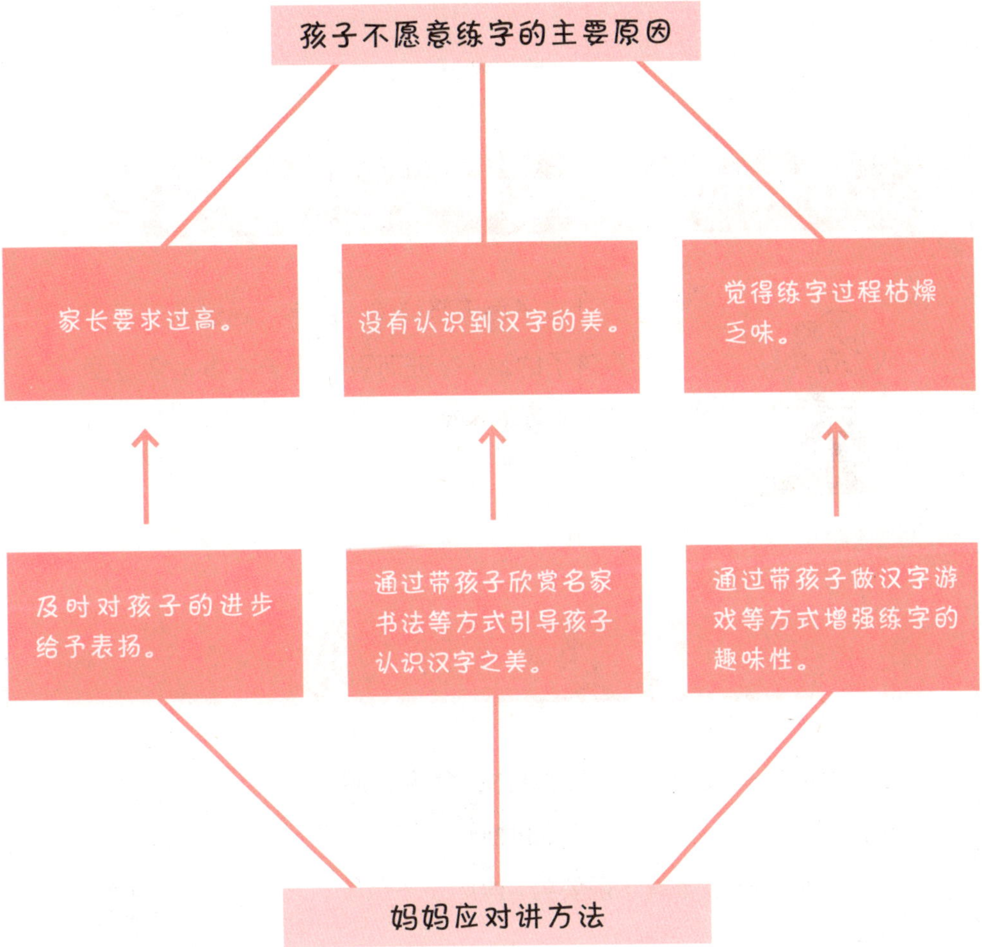

妈妈要根据孩子不愿意练字的具体原因采取相应策略，在此过程中要多一些包容和耐心。

1 孩子写字歪歪扭扭，怎么办？

给孩子讲讲汉字的结构，告诉孩子为什么横要平，竖要直。汉字每一个笔画，都有着它自己的美感。当孩子认识到这种美感，自然会好好练字了。

2 孩子只在乎写字速度，不在乎写字质量，怎么办？

让孩子每天坚持练一篇字，通过练字过程培养孩子的耐心，进而引导孩子注重写字速度与写字质量的平衡。

3 孩子写字的时候坐姿不正确，怎么办？

给孩子科普错误坐姿对身体的危害，例如可能导致近视、颈椎病等，同时通过图片、视频等途径让孩子了解正确姿势，妈妈多多鼓励，定期检查。

老师建议

1. 妈妈可以和孩子一起欣赏书法家的作品，与孩子一起感受汉字风骨和气质，催发孩子对书法的兴趣，让孩子拥有主动练字的动力。

2. 妈妈可以请书法老师写下“字如其人”四个字，装裱好后挂在孩子房间，时刻提醒孩子练字的重要性。

3. 妈妈可以和孩子一起制定每天的练字计划，包括练习哪本字帖，临摹哪种字体，并将今天与昨天的练字成果放在一起对比，肯定孩子的任何一点小小进步。

如何培养“小小演说家”？

明天学校组织演说比赛，老师推荐我参加。
这是好事啊！
但是我拒绝了。
为什么？
这是表现自己的一次好机会啊！
观众太多了，我紧张。
但我觉得到时候我能表演的只有颤抖。
万事开头难，有了第一次的经验，以后就不怕了！

很多孩子因怯场而不愿参加演说比赛，这种情况并不少见，妈妈只要加以正确的引导，就完全可以解决这个问题。

成就“小小演说家”，聪明妈妈有办法！

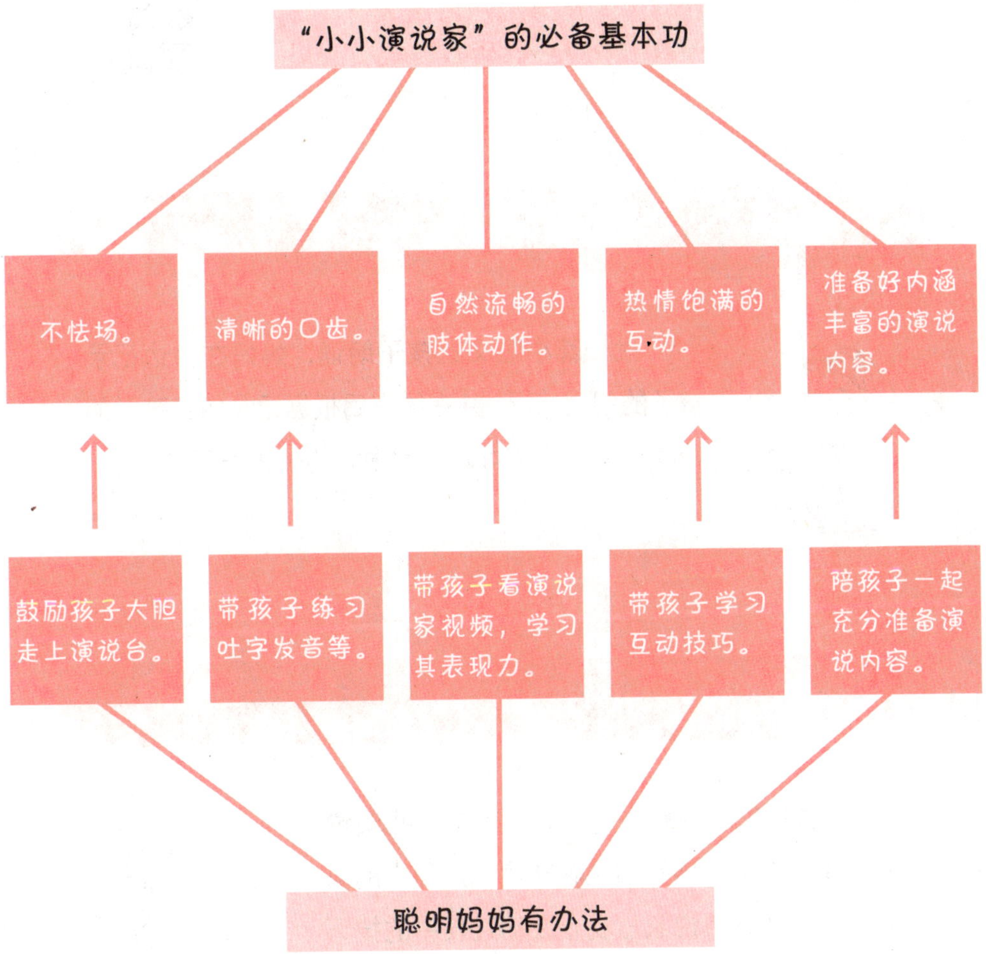

演说考验的是孩子的综合素质，每一个小缺点都会在演说中凸显出来。妈妈可以通过录像回放的形式帮孩子直观地认识到自己的不足。

1 孩子演说比赛前紧张怯场，怎么办?

带孩子适当减压，陪孩子去大自然里走一走，听一些轻音乐放松心情，上台前让孩子玩一些解压玩具，等等。

孩子演说时经常口齿不清，怎么办? 2

找一篇小短文让孩子朗诵，妈妈在旁边记录孩子的朗诵情况，并在结束后根据记录纠正孩子的吐字发音。这样可以起到很好的矫正作用。

3 孩子不懂演说技巧，怎么办?

妈妈可以和孩子一起反复观看一些演说家的演说视频，感受演说家在演说过程中的语音语调，观察演说家与观众互动过程中的技巧和细节，先加以学习，再慢慢摸索出属于自己的演说风格。

老师建议

1. 妈妈可以和孩子一起制定“小小演说家向前冲计划”，计划第一条，就是郑重保证，不放过每一个走上演说台的机会，每一次演说比赛都全力以赴。

2. 妈妈可以每天用三十分钟的时间，陪孩子进行吐字发音方面的专项练习，实时记录孩子在练习中出现的问题及取得的进步。

3. 妈妈可以多鼓励孩子参加社交活动，提高孩子的社交能力，锻炼孩子的表达能力，这对培养“小小演说家”也是大有裨益的。

一项体育爱好，让孩子受益终身！

孩子不爱运动，主要原因在于抗拒运动时的疲劳感。但如果能引导孩子找到自己感兴趣的体育运动，那么孩子在运动中获得的快乐体验将会大于疲劳，从而逐渐养成良好的运动习惯。

孩子不爱运动，妈妈引导有策略！

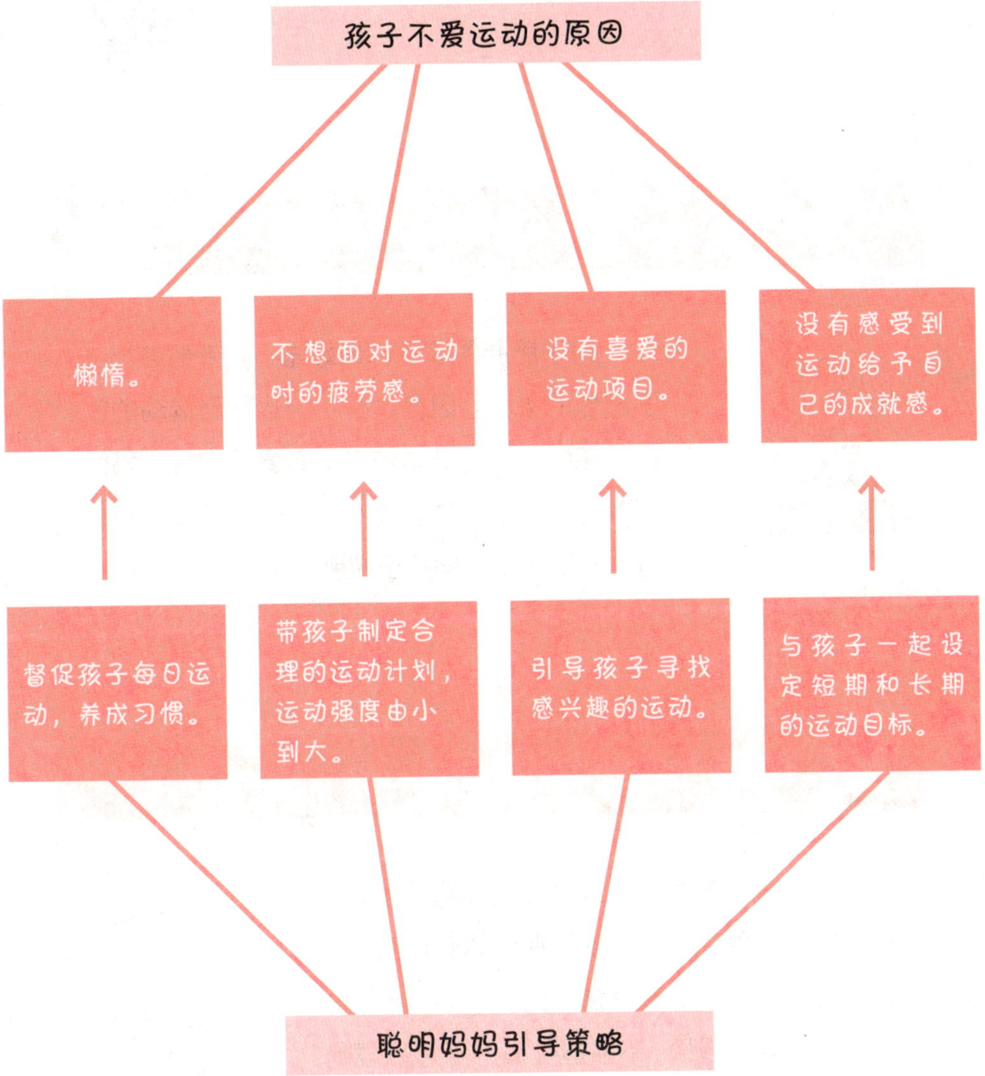

贴心的妈妈会帮孩子准备好运动用品，为孩子的安全运动提供保障。

1 孩子犯懒不爱运动，怎么办？

可以先带着孩子做一些简单且不太容易累的运动，等孩子慢慢适应后再逐渐加大强度。

2 孩子不爱运动，越吃越胖，怎么办？

对于肥胖的孩子，最好先不要带他进行过于剧烈的运动，因为这样不但达不到运动的效果，还会给他的身体带来不必要的伤害。妈妈可以先调整孩子的饮食结构，同时搭配一些相对温和的运动帮助孩子减肥。

3 孩子没有喜欢的体育运动，怎么办？

鼓励孩子参加社区或学校的体育活动，接触不同类型的运动；带孩子观看体育比赛，激烈的赛事很有可能激发孩子的运动热情；尊重孩子的兴趣和选择，不强迫他进行不感兴趣的运动，引导他探索可能感兴趣的领域。

老师建议

1. 妈妈可以监督孩子养成每天运动一小时的好习惯，项目可以任由孩子自己选择，完成运动后妈妈给予孩子及时的表扬与奖励。

2. 妈妈可以和孩子一起制定一份合理的运动计划，先从比较轻松的运动做起，待孩子适应后再逐渐加大强度。

3. 妈妈可以给孩子安排一段愉快的运动经历，比如高山滑雪、划船游泳、单车骑行，让孩子在运动的过程中体验到快乐。这样有助于增强孩子对运动的兴趣，从而找到心仪的运动项目。

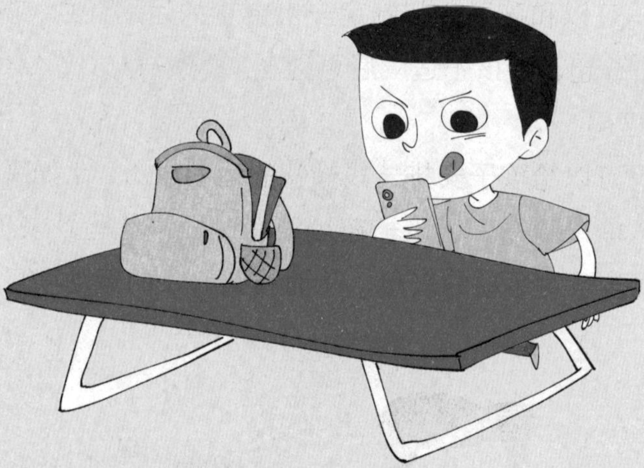

5 凝聚专注

锻炼孩子的专注力，做个懂技巧的聪明妈妈

孩子听课注意力不集中，怎么办？

做事三心二意，这可不是好兆头

强化孩子记忆力，这几招足够了

让专注成为孩子的人生习惯

孩子听课注意力不集中，怎么办？

孩子听课注意力不集中，时间长了落下的功课会越来越多，这种情况不容小觑，妈妈一定要重视并认真对待。

孩子听课注意力不集中，聪明妈妈有方法！

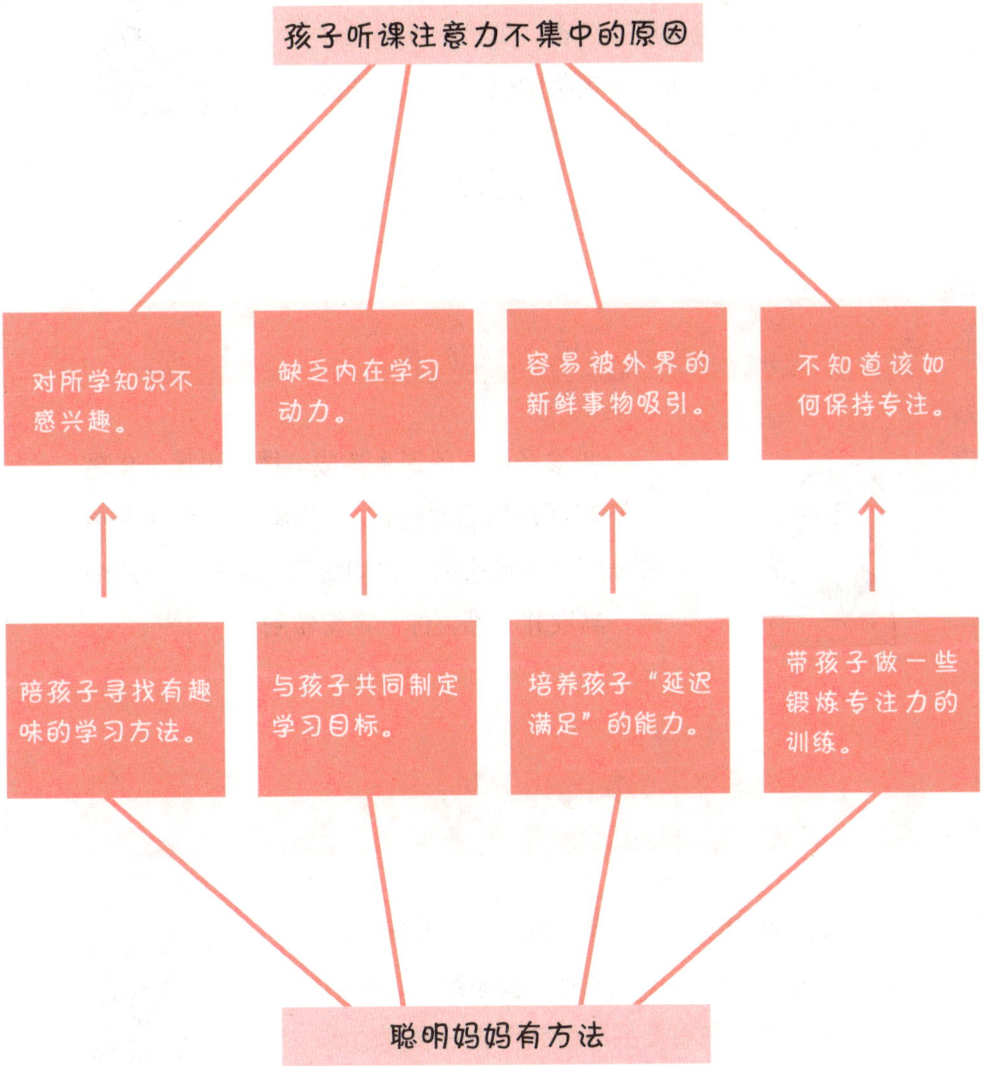

孩子注意力不集中也有可能是健康问题，必要时应就医检查。

1 孩子对学习不感兴趣，听课时注意力分散，怎么办？

结合孩子的兴趣爱好，陪孩子尝试多样化的学习方式，让学习过程变得有趣。告诉孩子，学知识就像在游戏里捡装备，每捡一件都能让自己更强大，并通过制定奖励机制等方式提高孩子学习热情。

2 孩子对学习没有自信，怎么办？

把孩子所有的课本摞成一摞，用尺子丈量一下高度，然后对他说："你看，所有课本摞在一起只有这么高，平均每天要学的只有几毫米，其实并不难，你一定能做到！"

3 孩子总是被眼前的乐趣吸引，怎么办？

培养孩子"延迟满足"的能力，尽管眼前的一切着实吸引人，但秉持"要事第一"的原则，还是要先把重要的事做完再去开展别的娱乐活动，若是孩子能做到这点，便可以给孩子一个小礼物作为奖励。

老师建议

1. 妈妈可以针对孩子目前学习到的知识，为他设置相应的游戏，这样一来孩子不仅复习了自己在学校学习的内容，还享受到了游戏所带来的乐趣，时间一长，孩子就会更积极、更专注地去学习了。

2. 妈妈可以鼓励孩子将老师一天上课所教授的内容全部认真地记录下来，回家以后，通过讲给妈妈听的方式使自己完成有意识的二次复习，从而达到巩固记忆、查漏补缺、增强孩子自信心的目的。

3. 妈妈可以引导孩子在记录课堂笔记的过程中，用各种可爱的符号进行相应标注，例如在听懂的知识点前标个小红心，在没听懂的知识点前标个小五角星。这样不但能够有效提升孩子听课的注意力，还有利于下课之后的复习和补充，时间一长，他们就会发现，笔记本上的小红心真是越来越多了。

做事三心二意，这可不是好兆头

孩子做事三心二意，每到学习的时候，就特别让人头疼，明明说好要专注地先把该做的事情做了，可不知怎的就去做了一些杂七杂八的事情。这样的状态时间长了，势必会影响孩子的学习和生活。聪明妈妈要找到有效的方法，帮助孩子克服三心二意。

孩子做事三心二意，妈妈引导有策略！

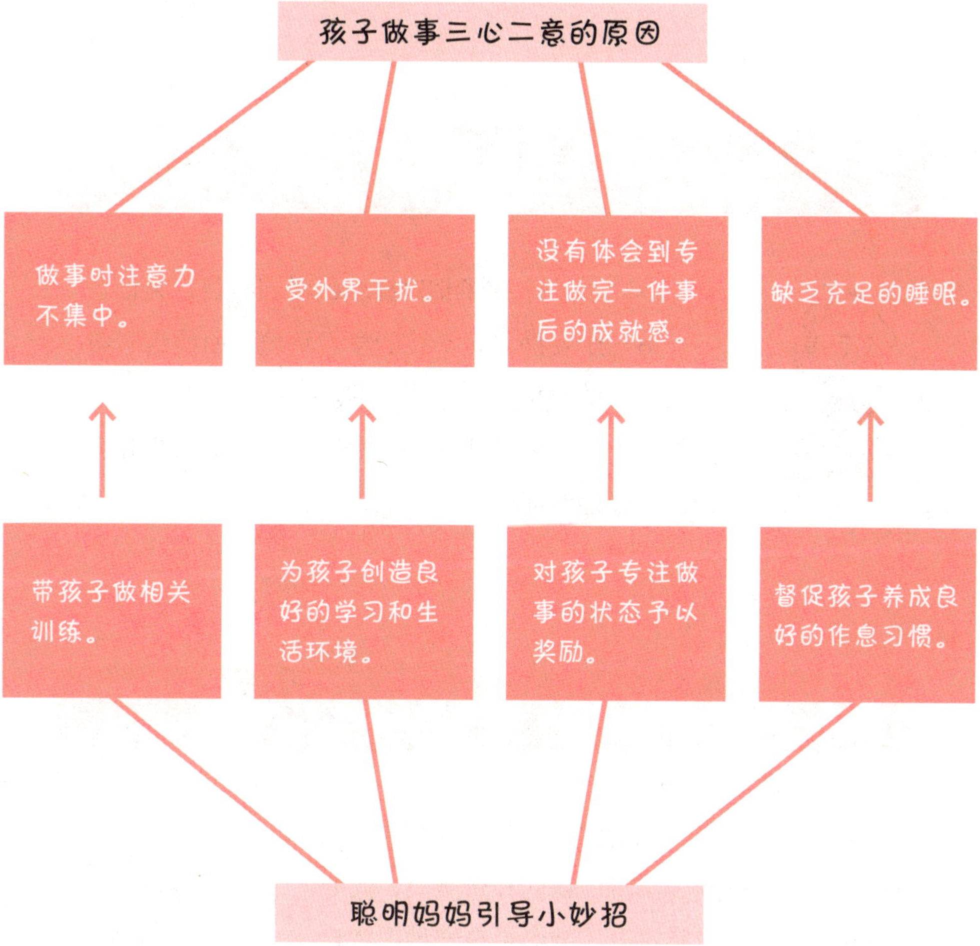

孩子做事三心二意，好妈妈会温柔而坚定地引导孩子，帮助孩子改善这一问题。

1 孩子注意力不集中，做事三心二意怎么办？

给孩子讲一个关于做事时注意力不集中从而引发严重后果的故事，告诉他三心二意的危害。

2 孩子容易受到外界干扰，怎么办？

找一个孩子相对喜欢的学习科目，为他创造一个安静、无干扰的学习环境，引导他带着清晰的目标进行专注学习。当孩子完全投入其中，学完后回味这一过程时，内心的自豪和满足会油然而生。

3 孩子做事三心二意，干脆破罐子破摔，怎么办？

对孩子的每一次专注给予好评和奖励，当孩子的付出得到了父母的认同和赞美时，内心的幸福感、成就感提升，就会更自觉地锻炼自己做事的专注力。而对于学习这件事，也会更上心、更主动。

老师建议

1. 妈妈可以腾出一天时间，和孩子一起专注地做一件并不难的小事，当孩子在过程中获得了成就感，感受到了妈妈的肯定和认同，再去投身其他事情的时候，就会在潜意识中告诉自己：“让自己专注起来，其实一点都不难。”

2. 妈妈可以在孩子对眼前的事情产生退缩心理的时候，鼓励他们迎难而上，克服专注做事过程中的浮躁，并带孩子做一些锻炼专注力的训练。

3. 孩子睡眠不足往往也会导致其三心二意、做事效率低下，妈妈可以和孩子一起制定作息时间表，让孩子拥有充足的睡眠，从而精神饱满地开启每一天。

强化孩子记忆力，这几招足够了

孩子记忆力不佳，总是忘记昨天学习的内容或是刚刚叮嘱的注意事项，这让妈妈倍感焦虑，不禁担心孩子的学业甚至未来。然而，记忆力可以通过科学的方法加以提升。

孩子记忆力不佳，妈妈引导有方法！

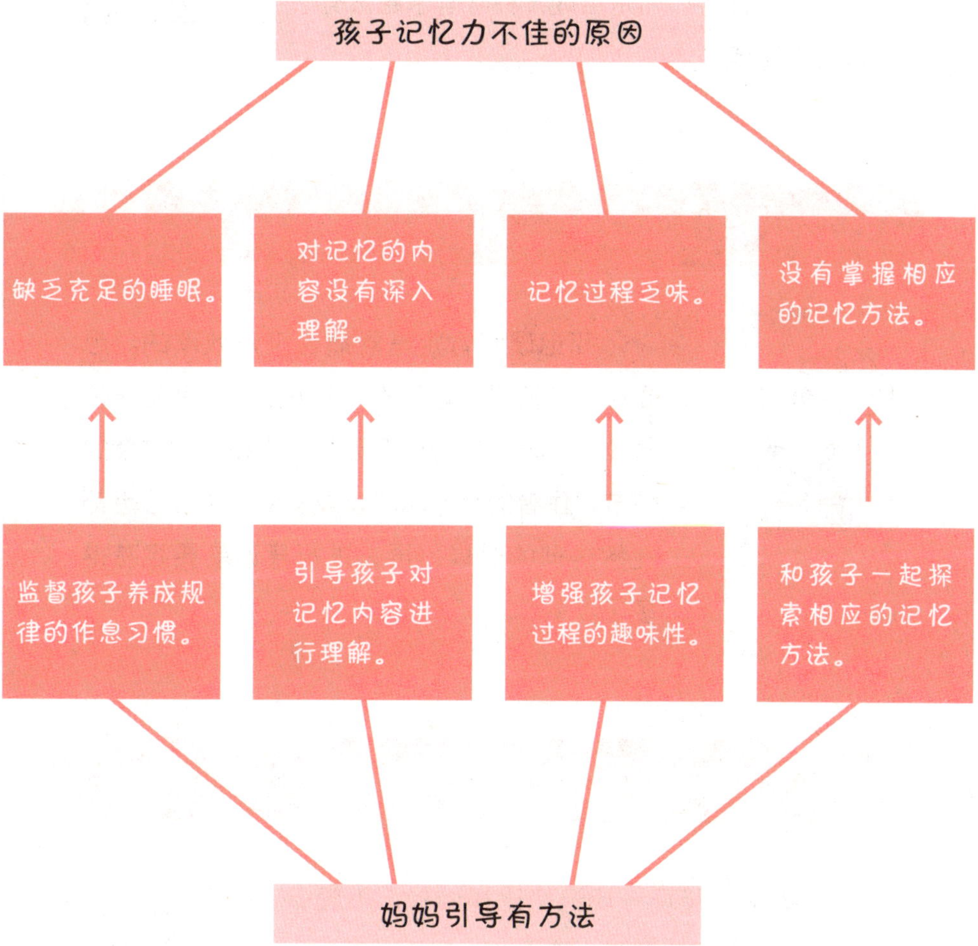

好妈妈会巧妙设计游戏，让孩子在游戏中逐步掌握各类记忆技巧，有效增强孩子记忆力。

1 孩子记忆力差，学习不好，怎么办？

帮助孩子找到记忆内容与记忆内容之间的相关性，培养孩子对记忆游戏的兴趣，这样一来，孩子在进行记忆学习的时候，就不会再把它当成一项任务，而是当成一种既有乐趣又有挑战性的游戏了。

孩子背诵课文的能力差，怎么办？ 2

死记硬背肯定是既痛苦又没效率的。想要让孩子把课文背下来，最好的方式就是先带着孩子对内容进行深度理解。当孩子把文章的情节、作者的写作思路以及文章的中心思想都理解透彻的时候，再去进行背诵就要容易得多了。

3 孩子对记忆工程没有兴趣，这样的问题该怎么引导？

和孩子一起玩一玩记忆比拼游戏，不管是记十个单词，还是背一篇课文，都可以成为妈妈和孩子一同探索记忆方法的好工具。当孩子在与妈妈一同摸索的过程中，找到了适合自己的方法，再去实施记忆的时候就没有那么头疼了。

老师建议

1. 妈妈可以和孩子一起研究不同课程内容的相关记忆方法，告诉孩子知识点与知识点之间是存在关联性的，当孩子慢慢地把握了其中的关联，再去实施记忆就容易多了。

2. 培养孩子主动记忆的兴趣爱好，在孩子每次主动进行记忆的时候，给予夸赞和奖励，从而激发孩子的热情，促使孩子不断练习自己的记忆本领。

3. 妈妈可以调整孩子的生活方式，让孩子保证每晚 8—10 小时的高质量睡眠，定期进行跑步等有氧运动，健康饮食。以上方式皆有利于大脑健康，有利于记忆力的提升。

让专注成为孩子的人生习惯

当不专注成为惯性，想要快速地从中脱离出来是很不容易的。孩子正处于培养专注力的关键阶段，妈妈需要及时纠正孩子注意力不集中的惯性，提升他的专注力，培养他的自我调节能力，这样才能助力他以更好的状态应对生活，以更充沛的精力迎接挑战。

孩子总是不专注，妈妈引导有方法！

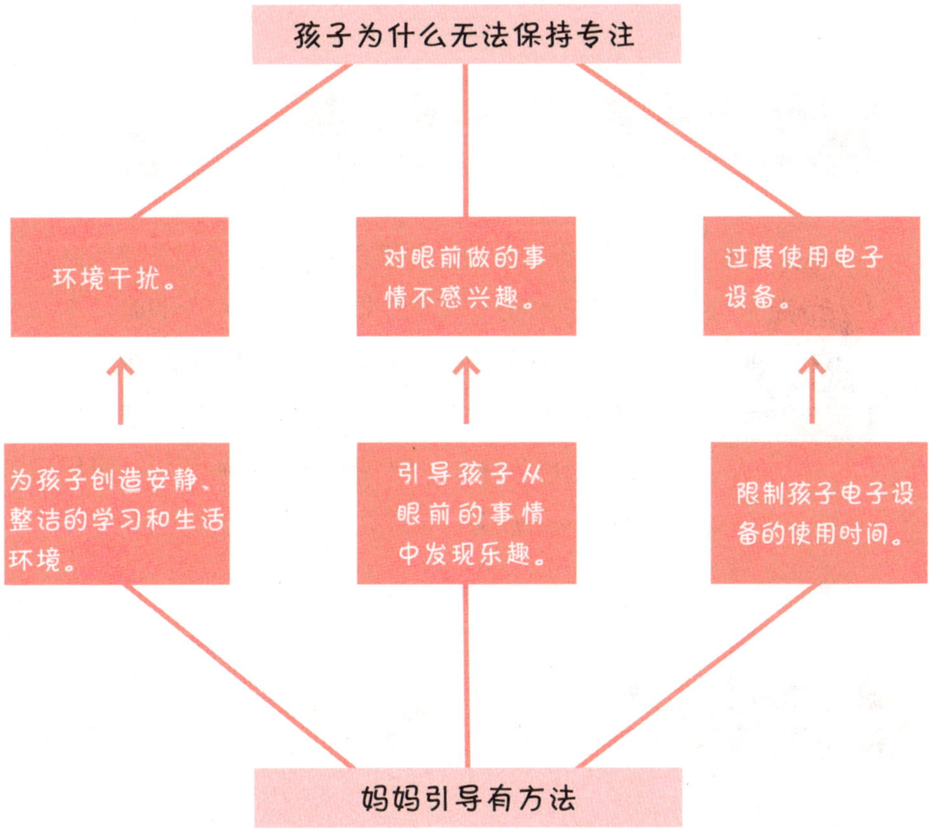

做事不专注，不仅会影响学习成绩，还会影响孩子的社交能力甚至身心健康。想要培养孩子专注的好习惯，妈妈需要循序渐进地引导和训练孩子。

1 孩子不知该如何保持专注，怎么办？

这里有一个很好的方法，先让孩子长长地吸一口气，然后闭上双眼，将吸入的气慢慢地吐出来。这样重复三到五次，再次回归所要进行的学习课业时，一定会有意想不到的惊喜。

2 孩子总是爱走神，怎么办？

在孩子做一件事之前，妈妈可以先带他进行五分钟静心冥想。屏气凝神，闭上眼睛，不去思考任何问题，放下心中的凌乱和焦虑。这样不但能帮助孩子更好地提升注意力，还能提升精力和能量，对于纾解他的精神压力，缓解他的身心疲劳，也是非常有效果的。

3 孩子学习时间长了就爱走神，这样的问题怎么解决？

为孩子准备一个番茄钟，和他一起玩专注力大比拼的游戏。一开始可以把时间调到十五分钟，给孩子一个十五分钟不分神的挑战。在孩子因此慢慢凝聚出一定的专注力后，妈妈便可以有意识地增长时间，加强对他专注力的训练。这样不但不会给孩子造成压力，还可以让他在挑战进程中获得成就感。

老师建议

1. 妈妈可以找一些能够提升孩子专注力的游戏，一边与他玩耍，一边有效地锻炼他提升自我专注力的热情。这样不但能够帮助孩子更好地找到自己的兴趣所在，还有助于他在提升自我专注力的训练中把握节奏，找到属于自己的成就感。

2. 妈妈应为孩子创造安静整洁的学习和生活环境，这样不但更有助于他们专注力的沉淀，还对他们内在的自我情绪调整有很好的促进作用。

3. 妈妈可以和孩子一起聆听有趣的故事，在聆听完毕后，结合故事的内容，与孩子进行深入探讨。这样不但能更好地提升孩子的专注力，还能在无压力的轻松氛围中，更好地培养孩子专注好学的好习惯。

6 善用方法

找对方法，让孩子的学习事半功倍

孩子，学习其实很有趣

如何让孩子爱上学数学？

如何让孩子爱上写作文？

如何让孩子爱上学英语？

孩子，学习其实很有趣

宝贝，上学啦！
为什么一定要上学？
上学不是一件很好玩的事情吗？
好玩在哪了？
那你觉得学校是个什么地方？
一个强制学习的托管所！
你要把学习当乐趣啊，宝贝！
但凡跟学习无关的事情，都是我的乐趣！

孩子对学习不感兴趣，总觉得学习是个任务，是一门苦差事。这是因为孩子不曾感受到学习带来的真正乐趣，聪明妈妈只需引导孩子明晰学习真谛，找到学习的乐趣，就可以很好地解决这个问题了。

孩子不爱学习，妈妈引导有方法！

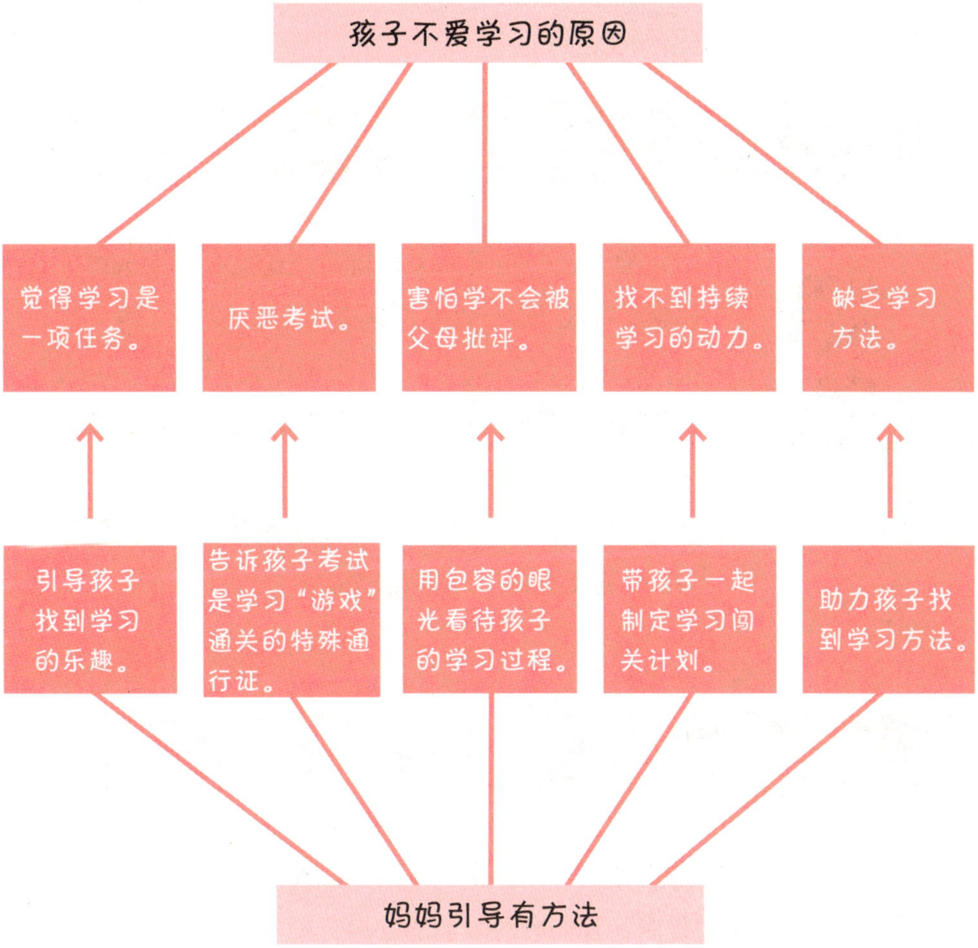

孩子对学习不感兴趣，妈妈会与孩子共同设定学习目标，注重孩子在学习过程中的成长与收获。

1 孩子厌学，怎么办？

和孩子多沟通，了解孩子的兴趣点，从而用富有趣味的学习方式帮助孩子培养学习兴趣，这样才能促使孩子克服厌学情绪，以积极主动的态度去学习，形成良性循环。

2 孩子厌恶考试，怎么办？

面对这一情况，父母首先应避免在孩子成绩不理想时对孩子进行批评，其次要让孩子明白，考试中唯一的对手只有自己，结果也只和自己有关。父母可以和孩子一起分担痛苦、分析问题，但永远不可能代替孩子学习，代替孩子走未来的人生路。最后，要好好引导孩子，考试只是一种查漏补缺的手段，一项学习的“通关游戏”，要以正确的心态面对它。

3 孩子学习没动力，怎么办？

告诉孩子，学习是一个对宇宙天地持续探索的过程。在这个过程中，我们会对眼前的世界有更多维度的了解，也需要巧用不同学科的知识工具，对摆在眼前的课题进行更深入的研究。引导孩子以游戏闯关的心态进入学习世界，其对待学习的态度，就会比例行公事地完成任务好很多了。

老师建议

1. 妈妈应该引导孩子开启学习的“游戏”模式，鼓励孩子以探索的眼光积极看待所要学习的内容，制定学习计划，设置通关游戏等环节，从而帮助孩子找到学习的乐趣。

2. 每个孩子的学习习惯和方式都是独特的，妈妈可以带孩子尝试多种不同的学习方法，并从中找到最适合自己的方法。

3. 妈妈一定要谨记不要在孩子考试表现不出色的时候，摆出一副冷漠的面孔，搞得孩子一到考试就感觉如临大敌。相反，我们要以平静的态度和孩子一起面对结果，分析问题、解决问题，这样孩子的情绪才能有所舒缓，也能以更专注冷静的态度，去面对自己学习中的失误和不足。

如何让孩子爱上学数学？

今天是宝贝的生日，来许个愿望！
好的，我这辈子都不要再学数学。
什么？这是什么愿望啊！
我再也不想跟数学打交道了！
这个愿望肯定不会实现！
哼哼，那我就不吃生日蛋糕！
为什么？
吃了明天还得接着学数学！

孩子不喜欢学数学，主要原因可能在于总觉得那是一门极其枯燥且难学的学科。这时候就需要妈妈耐心引导，帮助孩子领略数学王国的绮丽，找到对数学的学习兴趣。这时再教给孩子一些快速把握知识点的方法，孩子就会在对数学产生新认识的同时，一点点地爱上这门学科了。

孩子不爱学数学，妈妈引导有方法！

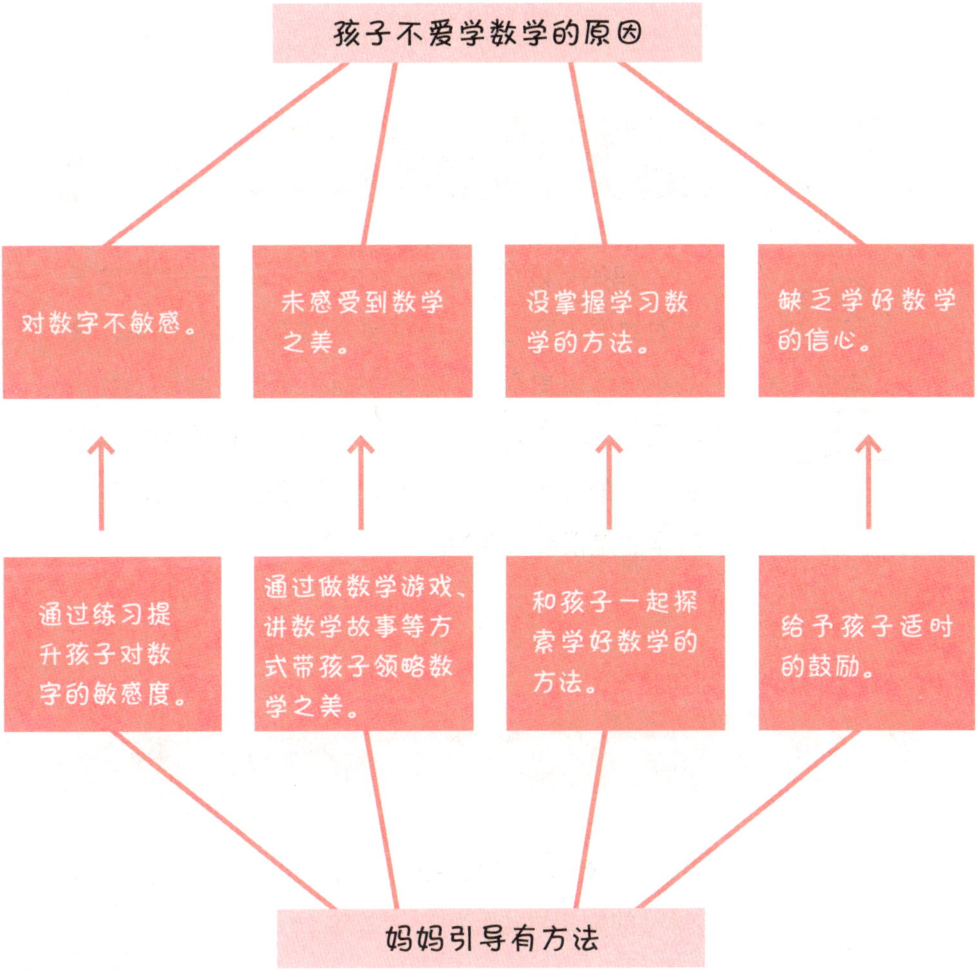

孩子不喜欢数学，好妈妈会尝试将数学知识融入日常生活的点滴之中，让学习变得生动有趣。

1 孩子对学数学没兴趣，这样的问题怎么解决？

通过讲一些跟数学有关的故事、做数学游戏、参观有关数学的艺术展览等方式，让孩子在放松的状态下，一点点地接触这个学科，感受数学之美。

孩子对数字不敏感，总觉得学数学很枯燥，怎么办？ 2

妈妈可以结合生活中的细节，时不时地和孩子针对数学内容进行一些互动小游戏，这样一来，孩子不但可以更有效率地复习自己在学校学到的数学知识，还会在妈妈的耐心引导下，发现更多数学在生活中的应用，这样一来，孩子便会意识到，学好数学还是很有必要的。

3 孩子总说学数学没方法，怎么办?

妈妈可以和孩子一起探讨学数学的方法，比如整理错题本、将学过的知识讲给妈妈听，等等。

老师建议

1. 妈妈可以和孩子一起对做错的数学题进行认真分析，并将它们整理在错题本上，随后做几道相似的题目巩固。这样不但可以提升孩子学数学的信心，还有助于孩子在解题目的同时，更精准地理解和把握知识点。

2. 妈妈可以给孩子看一些有趣味的数学漫画，让孩子结合自己学到的知识点，一步步地对漫画中提出的问题进行解答，这样孩子不但不会觉得枯燥，还会将所学知识记得更牢。

3. 妈妈可以带孩子参观一些关于数学的艺术展览，当孩子意识到数学天地远远要比自己想象中的广阔，那种想要了解更多的迫切心情，就会促使他更加努力地学好数学了。

如何让孩子爱上写作文？

作文成绩下来了，老师说你的写作能力有待提高啊！
每次写作文我脑子里都空空的。
那就往脑子里多填一些想象力啊！
多填两根冰激凌吧。
每天除了吃就是玩，真要把人气死了！
还有看手机、打游戏呢。
这些能帮助你提高作文成绩吗？
可我真的不爱写作文嘛。

孩子不爱写作文，每次落笔都不知该写些什么，面对这种情况，妈妈要找出激发孩子写作文热情的方法，带孩子多多拓展视野，引导孩子学会观察，发现生活之美。这样一来，即便有一天妈妈不再督促孩子写作，恐怕孩子自己也是舍不得放下手里那支笔的。

孩子不爱写作文，妈妈引导有方法！

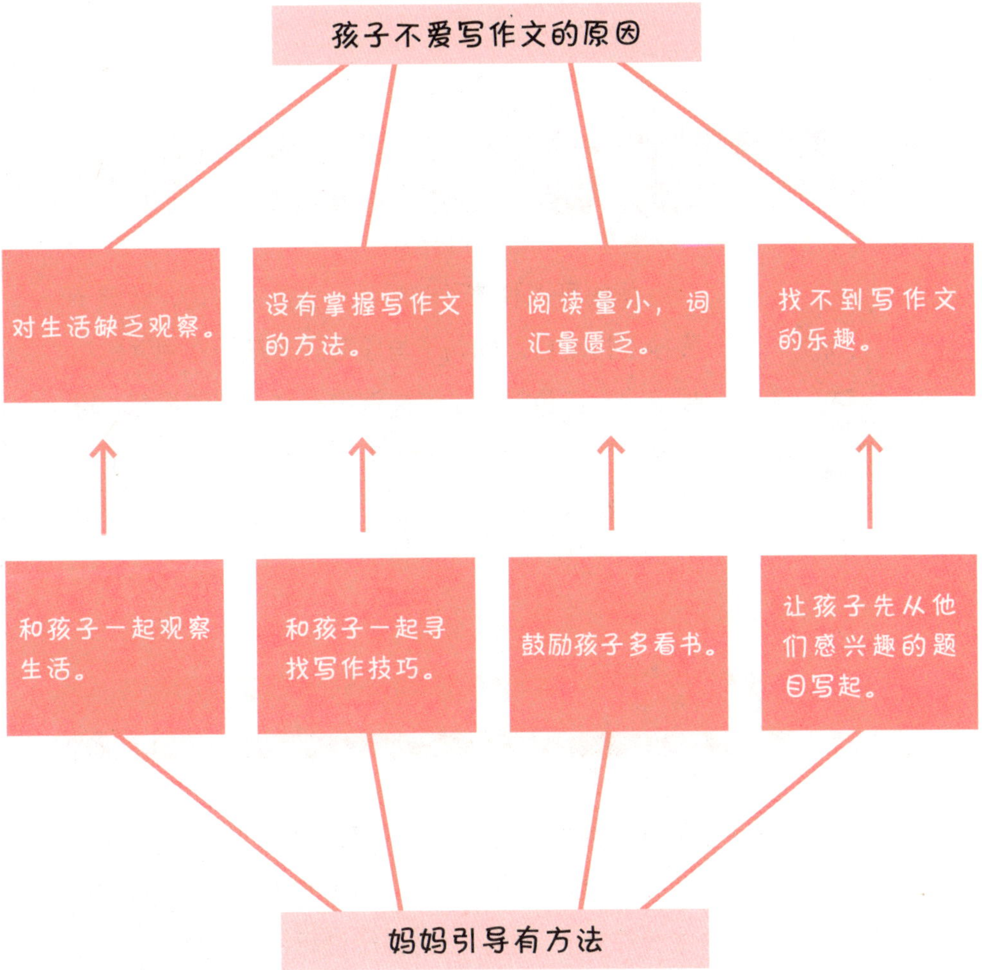

在孩子学习写作文、逐渐爱上写作文的这一过程中，妈妈应多给予孩子肯定与包容。

1 孩子写的作文单调乏味，怎么办？

和孩子一起观察生活，随时与他交流感受，引导他多关注细节，并将自己看到的一切写进日记本中。时间一长，孩子写出的东西自然就生动丰富起来了。

2 孩子作文里的句子缺乏美感，怎么办？

妈妈可以和孩子一起读一些美文与诗，让孩子摘抄下打动自己的句子与段落。当孩子在阅读的过程中，一步步领会了诗文渲染在文字中的情感，等到自己落笔的时候，那些美丽的句子就会如泉涌般源源不断地从心底流出来。

3 孩子写的作文内涵不够深刻，怎么办？

鼓励孩子多阅读各种类型的书籍，丰富知识储备，提升思维的广度和深度。同时，在日常生活中多与孩子探讨一些有深度的问题，引导孩子进行深度思考。这样一来，孩子自然能在作文中融入自己的思考和见解了。

老师建议

1. 妈妈可以经常和孩子一起出去玩，一边玩一边和孩子聊天。见到花的时候，就驻足好好地聊一聊鲜艳的花；见到草坪的时候，就好好地聊一聊碧绿的小草。当孩子开始认真观察生活中的每一处细节，生活所赋予他的想象力就会一点点地体现在他的笔头上了。

2. 妈妈可以找一些优美的散文和孩子一起进行睡前阅读。当孩子对文章句子的美感越来越敏感，开始下意识地对自己看到的内容进行点评的时候，孩子对文字就会越来越有感觉了。

3. 妈妈可以引导孩子以多元视角看世界，看一看不同地方的风土人情，聆听孩子对待同一件事物的不同看法。当孩子在聆听和感受的过程中逐渐形成自己的见地，在下笔写作文的时候，内容就会更加丰富了。

如何让孩子爱上学英语?

宝贝，为什么英语考试考得这么差啊?
因为字母认识我，我不认识它啊!
其实学英语也是讲方法的。
但我除了发愁外，没别的方法!
但是背单词的过程实在太痛苦了。
你要一点点地找到对英语的兴趣。
说实话，妈妈，真的很难!
其实没有你想得那么难哦!

孩子之所以不爱学英语，主要原因在于孩子对英语不像母语那么熟悉，于是单词背诵成了沉重的负担，语法结构也成了难搞懂的问题。时间一长，孩子自然就对这门学科越来越厌烦了。对于这个问题，聪明妈妈会引导孩子在学习另一种语言的过程中找到乐趣，拥有更多有趣而收获满满的学习经历。

孩子不爱学英语，妈妈引导有方法！

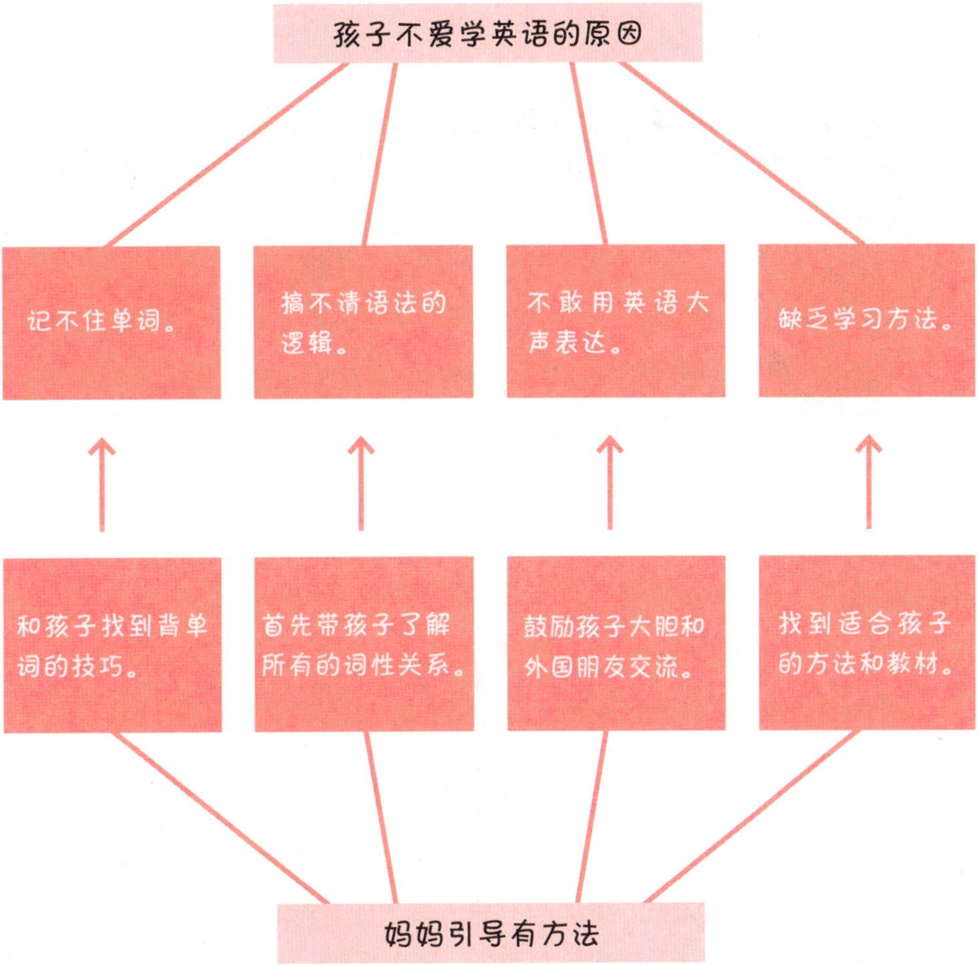

好妈妈会在生活中创造英语环境，潜移默化影响孩子。

1 孩子对学英语没兴趣，怎么办？

和孩子一起看纯英文的动画片或是玩纯英文的网络游戏，孩子迫切地想知道情节中的英文意思时，想要学好英语的积极性就会很自然地被激发出来。

孩子觉得背单词很痛苦，不爱下功夫，怎么办？ 2

和孩子一起研究单词的词性，同时结合发音、拼写，玩一些可以快速背单词的小游戏。孩子每天回家以后，和妈妈玩上一个小时，这一天在学校学到的所有单词，就可以在这样无比愉快的学习氛围中轻松搞定。

3 孩子学不明白语法，怎么办？

搞不懂语法的时候，不如先掌握一些语法点涉及的重要句型，而掌握句型最好的方法，就是背会最有代表性的标准句子。这样有助于孩子更清晰地理解句子结构，进而更好地掌握语法运用规则。

1. 妈妈可以和孩子一起玩抓阄背单词的游戏，将单词写在小纸片上，然后在抓到的时候，以最快的速度把单词背下来，随后再快速地利用单词造个句子。

2. 妈妈可以和孩子一起完成句型背诵，再在背诵完整句型以后，将自己所学到的单词依据词性填充进去。这时候孩子就会在英语语法的学习过程中，体验到造句的乐趣。时间一长，自然就会对学好英语课程更有信心了。

3. 妈妈可以鼓励孩子在有条件的情况下多交一些外国朋友，大胆地与外国友人进行英语对话，勇敢地表达自己的想法，利用所学的知识尽情地交流。这样既有助于提升孩子的英语口语能力，又能增强孩子学习英语的热情和自信心。